Predigten und Kanzelreden mit Herzen, Mund und Händen

Predigten und Kanzelreden mit Herzen, Mund und Händen

herausgegeben von
Katrin Göring-Eckardt und Gerald Hagmann

EVANGELISCHE VERLAGSANSTALT
Leipzig

Die Deutsche Bibliothek verzeichnet diese Publikation in der Deutschen Nationalbibliographie; detaillierte bibliographische Daten sind im Internet über ‹http://dnb.ddb.de› abrufbar.

© 2011 by Evangelische Verlagsanstalt GmbH · Leipzig
Printed in EU · H 7448

Das Werk einschließlich aller seiner Teile ist urheberrechtlich geschützt. Jede Verwertung außerhalb der Grenzen des Urheberrechtsgesetzes ist ohne Zustimmung des Verlags unzulässig und strafbar.

Das Buch wurde auf alterungsbeständigem Papier gedruckt.

Cover: Fruehbeetgrafik, Leipzig
Satz: Jochen Busch, Leipzig
Druck und Binden: GRASPO CZ a.s., Zlín

ISBN 978-3-374-02907-5
www.eva-leipzig.de

GELEITWORT DER HERAUSGEBER

„Nun danket alle Gott mit Herzen, Mund und Händen" – was Martin Rinckart um 1630 mit einfachen, klaren und verständlichen Worten, unterlegt von einer eingängigen, fast volksliedhaften Melodie, gesagt hat, erreicht und berührt uns noch heute. Dank, Lob und Preis kommen so schlicht wie wirkungsvoll daher, werden verstanden, können verinnerlicht werden.

Worte, die zu Herzen gehen und die das praktische Leben berühren, haben in der über 1000-jährigen St. Vinzentius-Kirche zu Bochum-Harpen Tradition – und Predigten, die sich am Leben und an der Bibel orientieren, ganz bestimmt eine Heimat. Naheliegend also, „mit Herzen, Mund und Händen" als Ausgangspunkt und fruchtbaren Impuls zu wählen für eine außergewöhnliche Predigtreihe.

14 bekannte und profilierte Persönlichkeiten aus Kirche, Politik und öffentlichem Leben haben die Einladung angenommen, in Bochum-Harpen im Kulturhauptstadtjahr 2010 eine Predigt zu halten und Gottesdienst zu feiern. Besondere Predigten sind zu erleben gewesen, nachdenkliche und überraschende, dichte und fröhliche Texte sind dabei entstanden. Wir legen sie Ihnen in diesem kleinen Band vor, zum Nachlesen und Neulesen manch biblischen Textes. Vor allem aber als Einladung, einzustimmen in das Lob Gottes – mit Herzen, Mund und Händen.

Katrin Göring-Eckardt   *Gerald Hagmann*

INHALTSVERZEICHNIS

Predigten

    Alfred Buß
    4. Sonntag nach Trinitatis, 27. Juni 2010 9

    Martin Dutzmann
    6. Sonntag nach Trinitatis, 11. Juli 2010 16

    Eugen Eckert
    Okuli, 7. März 2010 23

    Katrin Göring-Eckardt
    1. Sonntag nach Epiphanias, 10. Januar 2010 32

    Okko Herlyn
    19. Sonntag nach Trinitatis, 10. Oktober 2010 41

    Hans-Detlef Hoffmann
    Pfingstsonntag, 23. Mai 2010 48

    Manfred Kock
    Invokavit, 21. Februar 2010 59

    Norbert Lammert
    1. Sonntag im Advent, 28. November 2010 66

    Michael Ludwig
    3. Sonntag im Advent, 12. Dezember 2010 73

    Karl-Heinz Saretzki im Dialog mit Gerald Hagmann
    Sexagesimae, 7. Februar 2010 81

    Nikolaus Schneider
    Vorletzter Sonntag des Kirchenjahres, 14. November 2010 .. 89

    Ottilie Scholz im Dialog mit Gerald Hagmann
    Jubilate, 25. April 2010 97

Fred Sobiech
Letzter Sonntag nach Epiphanias, 24. Januar 2010 110

Johanna Will-Armstrong
14. Sonntag nach Trinitatis, 5. September 2010 118

Eine besondere Predigtreihe – ein besonderer Ort:
die St. Vinzentius-Kirche in Bochum-Harpen 125

Dankeschön 127

ALFRED BUSS

„Weder urteilen noch richten?"
Über den Predigttext Röm 14,10-13

Gnade sei mit euch und Friede von dem, der da ist und der da war und der da kommt. Amen.

Der Predigttext für den heutigen vierten Sonntag nach Trinitatis steht im Römerbrief des Paulus, Kapitel 14, die Verse 10 bis 13:

Du aber, was richtest du deinen Bruder? Oder du, was verachtest du deinen Bruder? Wir werden alle vor den Richterstuhl Gottes gestellt werden.
Denn es steht geschrieben: „So wahr ich lebe, spricht der Herr, mir sollen sich alle Knie beugen, und alle Zungen sollen Gott bekennen." So wird nun jeder von uns für sich selbst Gott Rechenschaft geben. Darum lasst uns nicht mehr einer den andern richten; sondern richtet vielmehr darauf euren Sinn, dass niemand seinem Bruder einen Anstoß oder Ärgernis bereite.

Liebe Gemeinde hier in Harpen!

Urteilen und richten. Den Daumen heben oder den Daumen senken. Richtig oder falsch. Hopp oder topp. Manchmal auch: Leben oder Tod. *Darum lasst uns nicht mehr einer den anderen richten …* Ja, tun wir das denn noch? Den Daumen heben – ja! Und dabei aufmunternd ein Auge zukneifen. Heute werden wir's wieder von den Fußballern sehen beim WM-Spiel gegen England. Aber den Daumen senken? Eigentlich sind wir Heutigen doch tolerant. Gerade hier im Ruhrgebiet wurden in mehr als 150 Jahren Zuwanderungsgeschichte Menschen aus unterschiedlichsten Gegenden integriert. Verschiedene Hautfarben, Kulturen, Religionen, Lebensstile gibt es hier auf engem Raum. Jede und jeder kann nach ihrer oder seiner Façon leben. Sind die Menschen in der großen Mehrheit hier in Harpen – tief im Westen – nicht liberal, tolerant und friedliebend – und das mit Herzen, Mund und Händen? Leben wir nicht in versöhnter Vielfalt? Alles paletti, sagt man hier. Null problemo. Daumen rauf, aber nicht Daumen runter.

Wenn da nicht auch ein anderer Film liefe. Zumindest im Fernsehen – z. B. *Big Brother*. Bisher in der Öffentlichkeit unbekannte Menschen treten freiwillig ins grelle Scheinwerferlicht und kehren ihr Innerstes nach außen. Was ist richtig, was ist falsch? Menschen lassen sich in aller Öffentlichkeit beurteilen, auf- und abwerten. Ein gigantisches Daumen-rauf-oder-runter. *Bei Zuschauerin Grit hat Klaus alle Sympathiepunkte verspielt. Oma Anne kann leider keine Runde für sich entscheiden.* Ab- und Ausgrenzung werden großgeschrieben. *So musste René (28) jetzt Deutschlands Fernseh-WG verlassen! Sein provozierendes Verhalten war für die Big Brother-Connection nicht akzeptabel.*

Es gibt nicht nur Big Brother. In zahllosen Gesangs-, Model- oder Casting-Wettbewerben gibt es öffentliche Ausscheidungskämpfe aller Art – mit hohen Einschaltquoten. Jede und jeder kann wichtig werden – und sei es nur für fünf Minuten. Hart und unerbittlich wird gerichtet über Schönheit, Auftreten, Charakter, Attraktivität, Musikalität oder Coolness. In der Jury von Castingshows heben oder senken Fernsehstars den Daumen – erfolgreiche, ewig-jugendlich-strahlend-schöne Menschen.

Daumen rauf oder runter. Das ist nicht nur im Fernsehen, sondern auch im Alltag gesellschaftliche Realität. Ob in der Schule, am Arbeitsmarkt oder im wirtschaftlichen Wettbewerb – es geht um den Platz an der Sonne. Daumen hoch oder runter. Wer als Kind in Armutsverhältnissen aufwächst, hat dabei kaum Chancen. Es gibt ein tägliches Ranking – wer ist in und wer ist out – nicht nur an der Börse, auch im Kleinklein unseres Lebens.

Als gebürtiger Ostfriese kenne ich eine Redensart, die gut dazu passt – sie geht so: „Es gibt vier Sprachen: Hochdeutsch, Plattdeutsch, durch die Nase und über andere Leute". Welche davon die beliebteste ist, ahnt jeder: über andere Leute reden natürlich. Wir hören: ... *lasst uns nicht mehr einer den anderen richten* ... Wenn das so einfach wäre! Je enger es wird, desto schwerer ist es doch, sich zu ertragen. Wie soll man denn umgehen mit den Schiefen und Krummen, den Kleinkarierten und den Unausstehlichen? Sollen wir alle Kreide fressen? Miteinander leben geht doch gar nicht ohne ständiges Urteilen. Die Medien wissen darum, betreiben es rund um die Uhr und leben davon.

Welche Konsequenzen es hat, wenn Menschen ernsthaft aufhören, übereinander zu urteilen und zu richten, zeigten die ersten Mönche. Sie nahmen das Gebot ... *lasst uns nicht mehr einer den anderen richten* ... ganz wörtlich und gingen konsequenterweise in die Wüste – als Eremiten. Ist das die einzige Alternative zum alltäglichen Urteilen und Richten – die Einsamkeit suchen?

Es gibt einen berühmten Bibelausleger mit dem vielsagenden Namen Bengel, der zur Sache bemerkt: „Richtet nicht – ohne Einsicht und Liebe und ohne Not." Da haben wir's, Ausweg versperrt. Also doch Eremit werden? Bengel fügt seinem edlen Satz einen weiteren auf Lateinisch an, und der macht seinem Namen alle Ehre: „Dennoch wir einen Hund für einen Hund und ein Schwein für ein Schwein halten." Das ist deutlich. Es besagt: Dinge schön reden ist falsch. Es muss ausgesprochen werden, was nicht in Ordnung ist. Aber eben an die richtige Adresse. Nicht hintenherum.

Daran scheint sich auch Paulus zu halten. Von wegen: Richtet nicht! Hart kann er mit seinen Gemeinden ins Gericht gehen – den Gemeinden in Philippi, in Korinth oder Galatien zum Beispiel. Scharf warnt er vor falschen Lehrern: *Nehmt euch in Acht vor den böswilligen Hunden* (Phil 3,2). Kreidefressen klingt anders. Und doch fällt auf: Paulus unterscheidet genau. Unerbittlich scharf wird er, wenn es um den Kern des Glaubens geht – etwa, wenn das Heil in Jesus Christus in Frage gestellt wird. *Ihr unvernünftigen Galater, wer hat euch verblendet?* (Gal 3,1) Aber wenn die Mitte des Glaubens nicht berührt ist, dann ist der Raum für unterschiedliche Lebensstile bei ihm offenbar ganz weit.

Die Gemeinden des Apostels waren ja ganz schön zusammengewürfelte Haufen aus unterschiedlichsten Milieus. Das führte zu Spannungen. Zum Beispiel wegen verschiedener Essgewohnheiten. Die eine Gruppe – Paulus nennt sie die *Starken* – hielt sich für progressiv und liberal. Für sie gab es keine Speiseverbote. Aber dann gab es auch die Vorsichtigen und Behutsamen im Umgang mit überkommenen Regeln – Paulus nennt sie die *Schwachen*. Sie beachteten die Vorschriften der Tradition und aßen z. B. kein Fleisch. Doch wer ist nun schwach? Und wer ist stark? Das Ergebnis jedenfalls ist fatal: Die Vorsichtigen verurteilen die Regellosigkeit und Traditionsvergessenheit der Progressiven – und die forsch Progressiven verachten die Ängstlichkeit und die kulturelle Rückständigkeit der anderen. Die einen verurteilen, die anderen verachten. *Du aber, was richtest du deinen Bruder?*, fragt Paulus. *Oder du, was verachtest du deinen Bruder?*

Kommt uns irgendwie bekannt vor. Abgrenzungen und Vorbehalte gehen auch mitten durch Christengemeinden hindurch. Dabei sind die Inhalte des Streites austauschbar. Mit fällt gegenwärtig auf, dass ich heftige Reaktionen vor allem dann bekomme, wenn ich mich zu zwei Themenfeldern äußere: zu *homosexuell Liebenden* und zum *Zusammenleben mit Muslimen*. Der Ton solcher Zuschriften ist zumeist verletzend bis unverschämt.

Wie geht der Apostel nun damit um? Er bringt Gott ins Spiel und eröffnet so eine dritte Dimension. Aus dem zweiseitigen *Ihr* und *Wir* wird ein Dreieck der Kommunikation. *Wir werden alle vor den Richterstuhl Gottes gestellt werden.* Paulus öffnet uns die Augen für die Dimension Gottes, und es wird klar: Das letzte Wort steht uns nicht zu. Abschließende Urteile sind unmenschlich. Das letzte Wort hat Gott.

Diese Öffnung zu Gott hin ist der entscheidende Dreh- und Angelpunkt im Leben. Auch für das Urteilen und Richten. Die Gottesperspektive verändert die Richtung des Richtens. Paulus bedient sich eines Wortspiels: *Lasst uns nicht mehr einer den anderen richten –* also über ihn urteilen –, schreibt Paulus, *sondern richtet vielmehr darauf euren Sinn* – also die Blickrichtung ändern –, *dass niemand seinem Bruder einen Anstoß oder Ärgernis bereite.*

Das Wort Richten ist ja auch im Deutschen mehrdeutig. Es meint nicht nur *urteilen*, sondern kann auch *ausrichten* bedeuten: in eine Richtung bringen. Richten als Zurechtrücken. Orientierung geben. So wie diese 1000-jährige Kirche orientiert ist, ausgerichtet ist zum Orient, gen Osten, auf Christus hin, zum Licht der Auferstehung der Wiederkunft Christi hin – so ist unser menschliches Leben ausgerichtet auf die Verantwortung vor Gott.

Wir werden alle vor den Richterstuhl Gottes gestellt werden. Richterstuhl Gottes – klingt das bedrohlich? Schon früh haben sich die Christen vor Augen gemalt: Die Person auf dem Richterstuhl Gottes trägt ja die Gesichtszüge Christi – wie hier in der St. Vinzentius-Kirche auf der Sakramentsnische über dem Dreikönigsrelief. Im Giebel der Sakramentsnische sehen wir Christus als Weltenrichter. Über unser Leben wird also kein Despot und auch keine ewig-junge Star-Gottheit den Daumen heben oder senken, sondern der Gott, der das Leiden kennt. Der weiß, wie einem Menschen zumute ist, über dessen Leben der Daumen gesenkt wurde. Auf dem Richterstuhl Gottes sitzt der zu Tode gefolterte und von den Toten auferstandene Christus. Segnend hebt der die Hände über uns, der Kranke heilte sowie Lahme und Ausgegrenzte aufrichtete. Richten ist bei ihm Zurechtbringen, Aufrichten, neu Ausrichten.

Wie heilsam und erlösend ist diese Öffnung der Blickrichtung zu Christus hin. Immer wieder mussten und müssen wir daran erinnert werden, dass uns das letzte Wort nicht zusteht. Wir leben im Vorletzten und nicht im Letzten. Und doch: Der Terror des Richtigen und des Rechthabens zieht sich durch die menschliche Geschichte. Auch durch die Christentumsgeschichte. Es gibt nicht nur den Terror im Namen Allahs. Aus Nürnberg wird erzählt, dass die dortigen Ratsherren als Anhänger der Reformation die Nonnen des Klarissenklosters mit Gewalt aus dem klösterlichen Dasein befreien wollten. Diese wollten aber gar nicht befreit werden, sondern ihr Klosterleben fortführen. Der Terror gegen das Kloster hörte erst auf, als der von der Äbtissin hinzugezogene Melanchthon bei einem Besuch dem Rat der Stadt ins Gewissen redete.

Es gibt Terror und Ausgrenzung im Namen des christlichen Abendlandes heute. Das nimmt in Europa zu. Hier wird der Stab gebrochen über Muslime und Menschen fremder Herkunft. *Pro NRW* mit üblen Parolen hierzulande, Wilders in den Niederlanden, die rechtsextreme Jobbik in Ungarn terrorisiert Roma und Sinti in deren Dörfern. Richten als *ausgrenzen*, den Stab brechen – im Extrem *hinrichten*.

Was ist es da für eine wundervolle Perspektive, dass alle Welt sich am Ende an Christus ausrichten wird. *Ihm werden alle Knie sich beugen.* Wenn Christus alles in allem sein wird, dann werden Menschen ins Recht gesetzt. Dann werden endlich alle ins Recht gesetzt, über deren Leben zu oft der Daumen gesenkt wurde. Christus richtet Menschen auf und bringt ihr Leben in Ordnung. Dass Christus sich dem Leben eines jeden Menschen noch einmal zuwenden wird, ist eine große Auszeichnung. Kein Menschenleben ist ihm gleichgültig. Kein Leben verläuft im Sande.

Die Ikonographie hat Christus auf dem Richterstuhl manchmal mit einem Schwert dargestellt – ganz wie einen weltlichen Richter. Aber auch ein weltlicher Richter hat nicht nur die Aufgabe zu sühnen. Er soll auch versöhnen, eine Veränderung des Verhaltens und die Herstellung neuer Gemeinschaft im Blick haben. Darum gehört zum Recht Gnade. Wenn schon weltliches Richten ohne Gnade nicht auskommt, um wie viel mehr gehört dann zum göttlichen Richten Gnade. Darum ziert den Weltenrichter Christus auf mancher Darstellung eine Lilie. Die Lilie ist das Symbol der Gnade.

An den Ausgängen der Kirche finden Sie gleich Lilien. Bitte nehmen Sie sich eine Lilie mit und schenken Sie sie einem anderen Menschen. Vielleicht sogar einem Menschen, über den Sie – offen oder insgeheim – schon den Daumen gesenkt haben.

In der Taufe wurde unser Leben neu ausgerichtet auf Christus hin. Denn *keiner lebt sich selber und keiner stirbt sich selber. Leben wir, so leben wir dem Herrn und sterben wir, so sterben wir dem Herrn. Ob wir nun leben oder sterben, wir sind des Herrn.* (Röm 14,7+8)

Darum können wir aufrichten statt zu verurteilen und zu verachten. Aus Dankbarkeit.

Ein dankbares Herz schenke und erhalte euch der Friede Gottes, der so viel höher ist und weiter reicht als alle unsere Vernunft. Er bewahre eure Herzen und Sinne in Christus Jesus. Amen.

Dr. h.c. Alfred Buß, Bielefeld,
Jahrgang 1947, Präses der Evangelischen
Kirche von Westfalen.

MARTIN DUTZMANN

„Taufe und neues Leben"
Über den Predigttext Röm 6,3-8

Die Gnade unseres Herrn Jesus Christus und die Gemeinschaft des Heiligen Geistes sei mit euch allen. Amen.

Liebe Schwestern und Brüder,
ist Ihnen eigentlich bewusst, wie außerordentlich privilegiert und wie reich beschenkt wir sind?

Nein, ich meine nicht den Umstand, dass wir – verglichen mit anderen Gegenden dieser Welt – in Wohlstand leben. Es gibt zwar viele arme Menschen in unserem Land und gerade auch in dieser Region, aber verhungern muss Gott sei Dank niemand. Lebensnotwendiges Wasser steht in ausreichender Menge zur Verfügung, und auch für die medizinische Betreuung Kranker ist gesorgt. Ich meine mit Privileg und Geschenk auch nicht die Tatsache, dass wir in einem geordneten demokratischen Gemeinwesen leben. Sicher, es bröckelt hier und da, und manchmal gewinnt man den Eindruck, dass einzelne Politiker mehr an die eigene Wiederwahl als an das Wohl des ihnen anvertrauten Volkes denken. Aber im Großen und Ganzen funktioniert das System und ist letztlich ohne Alternative. Ich meine auch nicht den Umstand, dass wir in Deutschland seit 65 Jahren in Frieden leben und ein Krieg in Europa heute praktisch ausgeschlossen ist. Sicher, wir ahnen, dass auch die Bundesrepublik Ziel eines terroristischen Anschlages werden könnte, aber bisher ist nichts geschehen, was den Ereignissen vom 11. September 2001 in New York und Washington auch nur von ferne ähnlich sähe.

Wenn es aber nicht unser Wohlstand, nicht unsere Demokratie und nicht der Frieden ist, der uns privilegiert sein lässt – was ist es dann? Womit sind wir so reich beschenkt, dass es sich lohnt, in einer ganzen Predigt über nichts anderes zu reden?

Privilegiert sind wir, sofern und weil wir auf den Namen des Vaters und des Sohnes und des Heiligen Geistes getauft wurden. Beschenkt sind wir, weil wir deshalb anders leben können, als wenn wir nicht getauft wären. Das machen wir uns heute Morgen klar.

Zunächst ist einem Missverständnis zu wehren: Ungetaufte Menschen sind keine schlechten Menschen. Es gibt viele Menschen, die nicht getauft sind, aber in ihrem Leben Hervorragendes geleistet haben. Die nicht an Gott glauben, aber ein beispielhaftes, vorbildliches Leben führen. Es gibt Atheisten, die außerordentlich sensibel dafür sind, wo es in dieser Welt ungerecht zugeht. Menschen, denen das Ergehen ihrer Mitmenschen eine Herzensangelegenheit ist.

Aber: Menschen, die sich nicht mit Gott verbunden wissen – und die Taufe ist für uns Christen diese Verbindung –, können ihr Leben nur ohne Gott verstehen. Oder anders gewendet: Sie werden ihr Leben von dem her verstehen, was sie selbst davon sehen, hören, schmecken, riechen und tasten können. Die wohl wichtigste Erkenntnis, die Menschen auf diese Weise über ihr Leben gewinnen können, ist diese: Unser Leben reicht von unserer Geburt bis zu unserem Tod. Das klingt banal, ist es aber nicht. Unser Leben ist endlich. Unsere Tage sind gezählt, und eines Tages werden wir nicht mehr sein. Der Satz „Heute ist der erste Tag vom Rest deines Lebens" ist nur zu wahr.

Manche Menschen reagieren darauf, indem sie sich unter Druck setzen: Wenn meine Tage gezählt sind, so sagen sie, dann muss ich jedem einzelnen dieser Tage einen Sinn geben. Ich will ja am Ende sagen können und andere sollen es an meinem Grab auch sagen, dass mein Leben sinnvoll war. Bei anderen Menschen weckt der Gedanke an die Endlichkeit ihres Lebens Selbstzweifel oder gar Verzweiflung: Was ist mit mir, der ich keine Arbeit mehr oder immer noch keine Arbeit gefunden habe? Was bedeutet es, wenn ich sozial abgehängt bin und die Tage der Besserung einfach nicht kommen wollen? Bin ich dann wertlos? Und wieder andere werden rücksichtslos und zynisch: Wenn das Leben schon begrenzt ist, dann soll es wenigstens schön sein – wenn es sein muss, auch auf Kosten anderer. Ich muss eben sehen, was ich vom großen Kuchen kriegen kann.

Wer in der biblischen Tradition zu Hause ist, wird es schon bemerkt haben: Hier ist von der Macht der Sünde die Rede! Denn Sünde ist in der Bibel weder eine moralische Verfehlung, wie sie jedem mal unterlaufen kann, noch ist Sünde eine harmlose Kleinigkeit. Nein, die Bibel sagt: Sündig ist, wer meint, sein Leben auf eigene Rechnung führen zu müssen. Sündig ist, wer meint, Gott nicht nötig zu haben. Sündig ist, wer sich an Gottes Stelle setzt und sich zu seines Lebenssinnes Schmied macht. Und die Folgen – auch das führt uns die Bibel vor Augen –, die Folgen sind katastrophal: Menschen geraten unter Druck. Menschen zweifeln oder verzweifeln an sich selbst. Menschen werden zynisch und rücksichtslos.

Aber die Bibel geißelt nicht nur die Sünde und führt nicht nur die verheerenden Folgen der Sünde vor Augen. Sie präsentiert und empfiehlt zugleich einen alternativen Lebensentwurf. Einen Lebensentwurf, der von der Verbindung mit Gott herkommt. Einen Lebensentwurf aus der Taufe. Von diesem Lebensentwurf ist in höchster Konzentration im Römerbrief des Apostels Paulus die Rede, und da noch einmal ganz besonders im 6. Kapitel, das von der Taufe handelt. Der Gedankengang ist kompliziert; in der Zürcher Übersetzung ist er aber ganz gut zu verstehen (Röm 6,3-8):

Wisst ihr denn nicht, dass wir, die wir auf Christus Jesus getauft wurden, auf seinen Tod getauft worden sind?
Wir wurden also mit ihm begraben durch die Taufe auf den Tod, damit, wie Christus durch die Herrlichkeit des Vaters von den Toten auferweckt worden ist, auch wir in der Wirklichkeit eines neuen Lebens unseren Weg gehen.

Wenn wir nämlich mit dem Abbild seines Todes aufs Engste verbunden sind, dann werden wir es gewiss auch mit dem seiner Auferstehung sein.
Das gilt es zu erkennen: Unser alter Mensch wurde mit ihm gekreuzigt, damit der von der Sünde beherrschte Leib vernichtet werde und wir nicht mehr Sklaven der Sünde seien.
Denn wer gestorben ist, ist von allen Ansprüchen der Sünde befreit. Sind wir aber mit Christus gestorben, so glauben wir fest, dass wir mit ihm auch leben werden.

Der Apostel Paulus gibt der Taufe großes Gewicht. Auch hier ist allerdings zunächst einem Missverständnis zu wehren: Getaufte Christen sind keine besseren Menschen als solche, die nicht getauft sind. Immer wieder erfahren wir, wie wenig genau es manche Christenmenschen mit den Geboten der Bibel nehmen. Wie sie den heiligen Feiertag Gottes ihren Werktagen gleich machen. Wie sie ihre Eltern nicht nur nicht ehren, sondern mit ihnen im Dauerkonflikt leben und nicht einmal zur Beerdigung erscheinen. Wie leicht sie das Treueversprechen bei der Eheschließung nehmen und wie undeutlich ihr Verhältnis zur Wahrheit ist. Und selbst die Kirche, die Gemeinschaft der Getauften, ist voller Fehler und Schuld. Die Fälle von Kindesmisshandlungen in kirchlichen Heimen und von Kindesmissbrauch in der ganz normalen Gemeindearbeit haben uns darauf einmal mehr aufmerksam werden lassen.

Aber: Getaufte Christen – Menschen, die aus der Verbindung mit Gott leben – leben von anderen Voraussetzungen als nicht getaufte Menschen es tun. Paulus schreibt: „Wir wurden also mit ihm (Christus) begraben durch die Taufe auf den Tod, damit, wie Christus durch die Herrlichkeit des Vaters von den Toten auferweckt worden ist, auch wir in der Wirklichkeit eines neuen Lebens unseren Weg gehen." Wir sind also nicht mehr dazu verdammt, unser Leben ausschließlich als eine Strecke zwischen Geburt und Tod wahrzunehmen, zu deuten und zu leben. Wir Christen leben nicht allein zwischen Geburt und Tod, sondern zugleich zwischen

Taufe und Auferstehung. In der Taufe hat sich Gott mit uns verbündet – trotz der Sünde, die uns immer wieder von ihm trennen will. Und dieser Bund, den Gott mit uns geschlossen hat, ist ein ewiger Bund, der unseren Tod überdauern wird: „Mein treuer Gott, auf deiner Seite bleibt dieser Bund wohl feste stehn …", haben wir vorhin gesungen. Zwischen Taufe und Auferstehung ist unser Leben in ein neues Licht gerückt, in das Licht der Freiheit. Paulus schreibt weiter: „Das gilt es zu erkennen: Unser alter Mensch wurde mit ihm gekreuzigt, damit der von der Sünde beherrschte Leib vernichtet werde und wir nicht mehr Sklaven der Sünde seien. Denn wer gestorben ist, ist von allen Ansprüchen der Sünde befreit."

Als Getaufte sind wir von allen Ansprüchen der Sünde befreit. Wir müssen uns nicht unter den Druck setzen, aus unserem Leben ein sinnvolles Gesamtkunstwerk zu gestalten, wie ich die Aufgabe der Lebensführung neulich in einem Magazin beschrieben fand. Wir müssen keine Angst haben, wir seien wertlos, wenn wir mit unseren Plänen scheitern. Und erst recht müssen wir unsere Ziele nicht auf Kosten anderer Menschen erreichen.

Gelassenheit ist also das Kennzeichen eines Lebens aus der Taufe. Als einer, der unterwegs ist von der Taufe zur Auferstehung, kann ich gelassen hinnehmen, dass mein Leben begrenzt ist. Gelassen kann ich es ertragen, dass in diesem begrenzten Leben manches nicht gelingt und bruchstückhaft bleibt. Gelassen kann ich auch mit ansehen, wenn einem anderen Menschen mehr gelingt als mir selbst. Letzteres hat Paul Gerhardt in seinem Morgenlied „Die güldne Sonne" auf eindrückliche Weise zum Ausdruck gebracht: „Lass mich mit Freuden / ohn alles Neiden / sehen den Segen, den du wirst legen / in meines Bruders und Nähesten Haus. / Geiziges Brennen, / unchristliches Rennen / nach Gut mit Sünde, / das tilge geschwinde / von meinem Herzen und wirf es hinaus."

Die Gelassenheit, die aus der Taufe kommt, müsste auch das politische Leben in unserem Staat viel deutlicher prägen. Immerhin gehören die meisten Politikerinnen und Politiker einer christlichen Kirche an, sind also getauft. Wie hätte es uns Bürgerinnen und Bürgern in der gegenwärtigen Krise gutgetan, wenn jenseits des Parteienstreits gemeinsam und in aller Gelassenheit ein Kandidat für das Bundespräsidentenamt gesucht worden wäre, den dann eine große Mehrheit der Bundesversammlung gewählt hätte. Da wurde eine Chance vertan – auch wenn selbstverständlich dem nun gewählten Bundespräsidenten Christian Wulff unsere Segenswünsche gelten.

Die Gelassenheit, die aus der Taufe kommt, könnte Politikerinnen und Politiker auch dazu bringen, Fehlentscheidungen zu korrigieren. Vor wenigen Wochen hat die Bundesregierung ihr Sparpaket vorgelegt und es ist am Tag, dass besonders an denen gespart werden soll, die ohnehin nichts zuzusetzen haben. Wäre es nicht an der Zeit, die von derselben Regierung bestimmten Berufsgruppen gewährte steuerliche Entlastung zurückzunehmen und die Kleinen zu schonen? Warum geschieht das nicht? Weil die Regierung immer noch von der Richtigkeit ihrer Entscheidung überzeugt ist oder weil sie sich nicht traut, eine einmal getroffene Entscheidung zurückzunehmen? Sollte Letzteres der Fall sein, könnte die Erinnerung an die Taufe helfen. Die Erinnerung daran, dass die Taufe einen gelassenen Lebensstil möglich macht, der auch Korrekturen nicht scheut.

Liebe Gemeinde, vielleicht ist Ihnen schon einmal aufgefallen, dass viele alte Taufsteine achteckig sind. Warum diese acht Ecken? Eine Deutung ist diese: Sieben der acht Ecken bezeichnen die sieben Tage der Schöpfung. In dieser Schöpfung führen wir unser durch Geburt und Tod begrenztes Leben mit all seinem Glück und allen seinen Belastungen. Und dann ist da die achte Ecke. Sie weist auf die neue Schöpfung Gottes hin, in die wir durch unsere Taufe hineingenommen werden. Jene neue Schöpfung, in der wir schon jetzt unser Leben nicht nur zwischen Geburt und Tod, sondern zugleich zwischen Taufe und Auferstehung leben. Denken Sie daran, wenn Sie solch einen achteckigen Taufstein sehen. Denken Sie daran, dass Sie getauft sind. Denken Sie daran, dass Sie außerordentlich privilegiert und reich beschenkt sind. Beschenkt mit der Möglichkeit, aus der Taufe zu leben und selbst in den Stürmen des Lebens gelassen zu bleiben. Übrigens: Anders als die anderen Privilegien und Geschenke, die uns gegeben sind – unser Wohlstand, unser demokratisches Gemeinwesen, der Frieden in unserem Land –, kann nichts und niemand uns unsere Taufe nehmen.

Und der Friede Gottes, der höher ist als alle Vernunft bewahre eure Herzen und Sinne in Christus Jesus. Amen.

Dr. theol. Martin Dutzmann, Detmold, Jahrgang 1956, Landessuperintendent der Lippischen Landeskirche und Militärbischof.

EUGEN ECKERT

„Lieder als Nachtherbergen für Wegwunde"
Über den Predigttext 1Sam 16,14–23

1Sam 16,14–23

Der Geist des HERRN aber wich von Saul und ein böser Geist vom HERRN ängstigte ihn.
Da sprachen die Großen Sauls zu ihm: Siehe, ein böser Geist von Gott ängstigt dich.
Unser Herr befehle nun seinen Knechten, die vor ihm stehen, dass sie einen Mann suchen, der auf der Harfe gut spielen kann, damit er mit seiner Hand darauf spiele, wenn der böse Geist Gottes über dich kommt, und es besser mit dir werde.
Da sprach Saul zu seinen Leuten: Seht euch um nach einem Mann, der des Saitenspiels kundig ist, und bringt ihn zu mir.
Da antwortete einer der jungen Männer und sprach: Ich habe gesehen einen Sohn Isais, des Bethlehemiters, der ist des Saitenspiels kundig, ein tapferer Mann und tüchtig zum Kampf, verständig in seinen Reden und schön gestaltet, und der HERR ist mit ihm.
Da sandte Saul Boten zu Isai und ließ ihm sagen: Sende zu mir deinen Sohn David, der bei den Schafen ist.
Da nahm Isai einen Esel und Brot und einen Schlauch Wein und ein Ziegenböcklein und sandte es Saul durch seinen Sohn David.
So kam David zu Saul und diente vor ihm. Und Saul gewann ihn sehr lieb und er wurde sein Waffenträger.
Und Saul sandte zu Isai und ließ ihm sagen: Lass David mir dienen, denn er hat Gnade gefunden vor meinen Augen.
Sooft nun der böse Geist von Gott über Saul kam, nahm David die Harfe und spielte darauf mit seiner Hand. So wurde es Saul leichter und es ward besser mit ihm und der böse Geist wich von ihm.

Die Gnade Jesu Christi, die Liebe Gottes und die Gemeinschaft des Heiligen Geistes sei mit uns allen. Amen.

Liebe Schwestern und Brüder in Christus,
eine besondere Predigtreihe ins Leben zu rufen und über ein ganzes Jahr verteilt Gäste aus ganz Deutschland dazu einzuladen, ist etwas Außergewöhnliches. Mir selbst hat diese Idee aus Anlass der Kulturhauptstadt 2010 so gut gefallen, dass ich ohne einen Moment des Zögerns die Einladung meines Kollegen, Herrn Dr. Hagmann, angenommen habe. Ich bin heute gerne bei Ihnen und danke für das damit verbundene Vertrauen. Dazu freue ich mich über eine weitere Gelegenheit, mit meinem Freund Dominik Sahm und dem Jugendchor „Maranatha" aus Wattenscheid zusammenarbeiten zu können. Unsere Wege haben sich schon oft gekreuzt.

I.

„Mit Herzen, Mund und Händen" ist die gesamte Predigtreihe überschrieben. Gestatten Sie mir, in meinem Nachdenken über „David und Saul" und die Rolle der Musik zunächst bei den Füßen zu beginnen. Denn in seinem beachtlichen Buch „Die Füße nach oben – Zustand und Zukunft einer verkehrten Welt" erzählt der lateinamerikanische Befreiungstheologe Eduardo Galeano folgende Geschichte über die Bedeutung der Musik:
„Er war ein Zauberer der Harfe. In den kolumbianischen Ebenen fand kein Fest ohne ihn statt. Damit das Fest zum Fest wurde, musste Mesé Figuerdo dort sein – mit seinen tanzenden Fingern, die die Luft fröhlich machten und die Beine zum Wirbeln brachten. Eines Nachts überfielen ihn auf irgendeinem entlegenen Weg die Räuber. Mesé war mit dem Muli unterwegs zu einer Hochzeit: auf einem Muli er selbst, auf dem anderen die Harfe, als die Räuber sich auf ihn stürzten und ihn fürchterlich verdroschen. Am nächsten Tag fand ihn jemand. Ein blutiges, verschlammtes Bündel, mehr tot als lebendig – so lag er auf dem Weg. Und da sagte dieses armselige Häuflein mit einem Rest von Stimme: ‚Sie haben mir die Mulis

geklaut.' Und er sagte: ‚Sie haben mir die Harfe geklaut.' Und dann holte er tief Luft – und lachte: ‚*Aber die Musik, die haben sie mir nicht geklaut*'."[1]

Musik als kostbarer Schatz, den ich in mir trage, der sich nicht rauben, der sich durch nichts zerstören lässt. Ein Lied quasi als Wärmetauscher, als liebkosender Zuspruch in eiskalter Zeit. Denn zunächst nicht für uns alle, sondern allein für seine oft verzweifelte Verlobte Maria von Wedemeyer dichtete Dietrich Bonhoeffer zum Jahreswechsel 1944/45: „Von guten Mächten wunderbar geborgen, erwarten wir getrost, was kommen mag. Gott ist mit uns am Abend und am Morgen und ganz gewiss an jedem neuen Tag."[2] Lieder, die zu „Nachtherbergen für Wegwunde" geworden sind: So beschreibt Nelly Sachs die Wirksamkeit des Gesangbuches der Bibel, der Psalmen Davids. Und die große jüdische Dichterin fügt über das Lebenswerk des einstmaligen Hirtenjungen David, der schon König Saul trösten konnte wie kein anderer, hinzu: „er maß in seinen Psalmen in Verzweiflung die Entfernung zu Gott aus."[3] Die Musik in uns, die Lieder, die uns anrühren, die uns tragen, die wir lieben, können und wollen Hilfe sein, die Zeit und das Leben zu bestehen.

II.

Das nun, liebe Schwestern und Brüder, ist wahrlich keine neue Entdeckung, sondern uralte Weisheit. Denn mehr als 3000 Jahre alt ist etwa die Geschichte vom schwermütig gewordenen König Saul, den nur die himmlische Musik Davids therapieren kann. Aber was habe ich, was haben wir zu tun mit dieser alten Geschichte und ihrer Quintessenz? Es ist das Bild auf unserer Gottesdienstordnung, es ist die Lithographie „David vor König Saul" von Otto Dix, die diese alte Geschichte ganz nah an mich heranzieht. Ich bitte Sie, ich bitte

---

1 Eduardo Galeano, „Die Füße nach oben – Zustand und Zukunft einer verkehrten Welt", Wuppertal 2000, S. 344.
2 Dietrich Bonhoeffer, „Widerstand und Ergebung", München 1951, S. 205.
3 Arnim Juhre (Hg.), „Singen, um gehört zu werden", Wuppertal 1976, S. 193.

Euch, das Bild zunächst jetzt und im Verlauf meiner Predigt immer mal wieder mit mir zu betrachten und zu entdecken.

Im Blick auf seine Entstehungsgeschichte gehört das Bild zu einer Reihe von biblischen Motiven, in denen Otto Dix 1938 begann, die „Todsünden der Menschheit" abzubilden. 1938? Anhand einiger Blitzlichter erinnern wir uns an das Jahr in sich immer schlimmer zuspitzender Zeit. Im Februar 1938 beginnt nach monatelanger Haft der Prozess gegen Martin Niemöller, den Berliner Pastor und Initiator der „Bekennenden Kirche", die zu den Nationalsozialisten immer deutlicher auf Distanz geht. Trotz Fürsprache von höchster Seite wird Niemöller zu Festungshaft verurteilt und in ein Konzentrationslager eingeliefert. Im Mai 1938 stirbt der pazifistische Publizist und Friedensnobelpreisträger Carl von Ossietzky an den Folgen der im Konzentrationslager erlittenen Misshandlungen. Zwei prominente Namen, die für das Schicksal vieler Demokraten stehen. Im Oktober 1938 marschiert die Wehrmacht im Sudetenland ein. Ziel ist die Zerschlagung der Tschechoslowakei. Und im November brennen überall in Deutschland die Synagogen.

Auf dem Hintergrund der Ereignisse seines Entstehungsjahres entdecke ich im Saul von Otto Dix geradezu die Verkörperung jener dunklen Mächte, die sich in zunehmender Brutalität immer deutlicher offenbarten: schwarz gekleidet, bis an die Zähne bewaffnet, voller düsterer, todbringender Phantasien und Pläne.

Wie viel Zartes, wie viel Leichtes und Schönes ist den dunklen Mächten jener Zeit zum Opfer gefallen. Auf der Lithographie von Otto Dix bildet der Rahmen der Harfe einen noch Hoffnung machenden Schutzraum für die lichte Gestalt des Kindes. In Wahrheit gab es solche Räume viel zu selten. Der Tod von Miep Gies zu Beginn dieses Jahres stellte besonders uns Frankfurtern eines der bekanntesten Opfer jener dunklen Zeit erneut vor Augen. Miep Gies, die 100 Jahre alt wurde, war die letzte noch lebende Helferin von Anne Frank. Sie war es, die das „Tagebuch" der gebürtigen Frankfurterin versteckte und bewahrte. Im Rahmen der Vorbereitungen für unser Gedenken am 27. Januar 2010 las ich, was bereits Ende

1947 Dr. Jan Romein, ein holländischer Professor für Geschichte, über Anne und ihr „Tagebuch" geschrieben hatte: „Dieses Mädchen wäre, wenn nicht alle Anzeichen trügen, eine begabte Schriftstellerin geworden, wäre sie am Leben geblieben. In ihrem vierten Lebensjahr aus Deutschland hierhergekommen, schrieb sie zehn Jahre später schon ein beneidenswert reines, knappes Niederländisch und zeigt Einsicht in die Mängel der menschlichen Natur – ihre eigenen nicht ausgenommen – sogar so untrüglich, dass es schon bei einem Erwachsenen erstaunt haben würde, umso mehr bei einem Kind. Aber sie zeigt ebenso die unendlichen Möglichkeiten jener menschlichen Natur, die im Humor, im Erbarmen und in der Liebe liegen…"[4] Wie viel Zartes, wie viel Leichtes und Schönes ist den dunklen Mächten jener Zeit zum Opfer gefallen? Anne Frank war nicht einmal 16 Jahre alt, als sie im März 1945 im KZ Bergen-Belsen starb, ausgezehrt von Kälte, Hunger und Krankheit.

III.

Ich will nun aber in der Auseinandersetzung mit dieser Lithographie als einer Interpretation der biblischen Geschichte nicht beim dunkelsten Abschnitt unserer deutschen Geschichte stehen bleiben. Im Blick auf unsere Gegenwart, auch meine unmittelbare Umgebung, weiß ich: Es ist nicht nur Saul, der enttäuscht und düster vor sich hinbrütet. Ich kenne viele Menschen, die selbst mit einem weniger dramatischen Leben ebenso schwermütig in sich vergraben und versunken sind wie Saul. Der war immerhin ganz hoch gestiegen, ehe er tief fiel. So hoffnungsvoll hatte seine Karriere begonnen. Er war jung und schön, von allen geliebt und bewundert. Und als er schließlich gewählt und zum ersten König Israels gesalbt worden war, da hallte das Land wider vom Jubel aller zwölf Stämme in Israel. Aber dann kam der tiefe, tragische Einbruch im Leben dieses Mannes. Nach seinem militärischen Sieg über die Amalekiter machte Gott

---

4 Mirjam Pressler, Grüße und Küsse an alle – die Geschichte der Familie Frank, Frankfurt/M. 2009, S. 297.

ihm den Vorwurf des Machtmissbrauchs. Liebesentzug lautete die Strafe. In der Bibel heißt das: „Da wich der Geist des Herrn von Saul und ein schwermütiger Geist kam über ihn".

Schwermut, Ausgebrannt-Sein, Depression. Nicht nur Fußball-Fans tragen den entsetzlichen Tod des ehemaligen deutschen Nationaltorhüters Robert Enke noch frisch und schmerzlich in sich. Aber Schwermut hängt nicht zwangsläufig mit erfolgreichen Karrieren zusammen. Oft ist sie vielmehr verwurzelt in unseren Erinnerungen. Ich erinnere mich an Misslungenes in meinem Leben, an eigenes Versagen, an Fehleinschätzungen von Situationen, von Menschen, auch der eigenen Kräfte. Ich erinnere mich an Verlorenes; Verluste, die das Leben mit sich brachte – Verluste an Dingen und viel mehr noch: Verluste von Menschen. Das kann ganz schön runterziehen.

Und dann, auf die alten Tage, die heimliche Eifersucht und das Misstrauen gegenüber denen, die nach uns kommen. Dazu die Wunden, die das Leben schlug. Schmerzen am Körper und in der Seele. Das eigene Abnehmen. Das Nicht-mehr-so-können-wie-früher. Das Gefühl, überflüssig zu sein. Das Loslassen-Müssen. Das Abtreten-Müssen. Und die vielen verpassten Chancen. Was wäre gewesen, wenn ... Hätte ich doch nur ... Und der Zorn über nicht gelebtes Leben. Und Zerwürfnisse. Und Schuld. „Meine engen Grenzen. Meine kurze Sicht. Meine ganze Ohnmacht, was mich beugt und lähmt. Mein verlorenes Zutrauen, meine Ängstlichkeit" – wer von uns kennt nicht Momente solcher Schwermut, solcher Depression aus eigener Erfahrung und im eigenen Umfeld? Sie kann zur Bitterkeit führen. Sie kann dazu führen, sich selbst und anderen das Leben zur Hölle zu machen. Das ist der sichere Weg in den Tod. Sie kann aber auch zu einem Schrei führen, dem Ruf nach Hilfe, der Bitte um Wandlung mit Gottes Hilfe.

IV.

Das Dunkle ist nun aber nur die *eine* Seite der Geschichte von Saul und auch nur die *eine* Seite auf unserem Bild von Otto Dix. Denn dem Saul im Trauergewand gegenüber sitzt die Lichtgestalt des jungen David. Wie eine Schutzhaut umgibt ihn in der Darstellung des Malers die Harfe. Der Harfenbogen teilt das Bild in zwei Seiten. Dem Dunkel steht Licht gegenüber. Und, so übersetzt es Luther, während David in die Saiten greift, „erquickte sich Saul und es ward besser mit ihm." Auch auf dieser Seite hat Gott die Hand im Spiel. Denn letztlich ist es Gott, der David zu Saul in den Palast schickt. Sicher, da gab es auch die königlichen Berater, die eine Rolle spielen, aufmerksame, phantasievolle, einer therapeutischen Behandlung zugewandte Männer.

Und da war der alte Isai, Davids Vater, der dem Sohn extra frische, knusprige Brote, ein Kistchen Wein und ein Ziegenböcklein für den König mitgab, damit der Sohn nur ja die Stelle bei Hofe bekomme. Was Eltern nicht alles tun, um ihre Kinder optimal zu fördern ... Aber: Die „Großen Sauls", sein königlicher Beraterstab und auch Davids Vater Isai sind letztlich nur ausführende Organe Gottes. Gott selbst sorgt dafür, dass Saul an einen guten Musiktherapeuten kommt. Gott hat insofern zwei Gesichter in unserem biblischen Abschnitt aus dem 1. Buch Samuel: ein unbegreifliches, rätselhaftes, absurdes – und ein dem alternden Saul freundlich zugewandtes! Das Medium aber, mit dem Gott den Saul von seinen Depressionen befreit, ist die Musik, ist Davids Harfenspiel, sind Davids Lieder. Die meisten der 150 Psalmen in der Hebräischen Bibel, unserem „Alten Testament", werden David als Urheber zugeschrieben. Sie sind Lieder, deren originale Melodien uns mit der Zerstörung des Tempels in Jerusalem 70 n. Chr. verloren gegangen sind. Ihre Texte aber regen bis heute an, an ihnen weiterzudenken, sie weiterzuschreiben, sie so gut wie möglich zu uns in die Gegenwart herüberzuziehen, aus ihrem Stoff also neue Lieder zu formen, die wir singen können.

Heute Lieder zu schreiben, die an den Glauben von Menschen vor rund 3000 Jahren anknüpfen und ihn nachbuchstabieren – ist das nicht der pure Anachronismus, ein Rückwärts-gewandt-Sein, das uns Christen ja nicht selten vorgeworfen wird? Ich denke nicht – und halte es dabei mit Wilhelm Willms, dem großen katholischen

Dichter und Kollegen. Als er, bereits vor fast drei Jahrzehnten, von einem Journalisten gefragt wurde, warum er Texte für neue geistliche Lieder schreibe, antwortete Willms zunächst mit einer Reihe von Gegenfragen:

„Warum sangen die drei Jünglinge im Feuerofen?
Half das Singen?
Warum sangen Schwarze im Land der Unterdrückung?
Half das was?
Warum sang Miriam ihr Trutzlied, das Magnificat?
Warum sang David vor Saul?

Da ist es ausdrücklich gesagt:
Um die bösen Geister zu vertreiben ...

Warum schreibe ich geistliche Lieder?
Weil auch ich, gegen die Zeit ansingend,
der Zeit hoffend voraussingend,
Raum gewinnen will,
Möglichkeiten ersingen will zu leben.
Weil ich an der Wirklichkeit der Welt –
und auch der Kirche –
zugrunde ginge, erstickte,
hätte ich nicht die Flucht in die Sprache,
die Flucht nach vorn ins Lied"[5]

V.

Liebe Schwestern und Brüder, unsere Kirchenlieder, ob alt oder neu, bieten so viel Substanz, um die Dunkelheit und böse Geister vertreiben zu können, um danken zu können für Bewahrung in Notlagen, um ein Lob anstimmen zu können für gute Erfahrungen. Sie können uns Gedankenfreiheit eröffnen und für Wegwunde Nachtherbergen sein. Vieles von dem, was als gesprochenes Wort

---

5 Juhre, S. 193.

unglaublich nüchtern klingt, erhält Klang und Glanz durch eine Melodie. Und vieles von dem, was uns unsagbar scheint, lässt sich ausdrücken in einem Lied, das zu Herzen geht. Darum halte ich es für unser Glück, dass wir von unserem Glauben oft viel mehr singen als sagen können. In der Vorrede zum Bapstschen Gesangbuch, das kurz vor seinem Tod erschien, schreibt Martin Luther 1545: „Gott hat unser Herz und Gemüt fröhlich gemacht durch seinen lieben Sohn, welchen er hingegeben hat zur Erlösung von Sünden, Tod und Teufel. Wer dies mit Ernst glaubt, der kann's nicht lassen: er muss fröhlich und mit Lust davon singen und sagen, damit es andere auch hören und herzukommen. Wer aber nicht davon singen und sagen will, das ist ein Zeichen, dass er's nicht glaubt."[6]

Das Lied nach der Predigt nimmt im Refrain einen Vers aus Psalm 31 auf: „Du stellst meine Füße auf weiten Raum". Lassen Sie uns, verstärkt vom Jugendchor, gleich mit Herzen, Mund und Händen jubeln über Erlösung und Befreiung, die Gott uns schenkt. Lassen Sie uns heute und in Zukunft mit so viel Lust gemeinsam singen, dass es auch andere hören, sich begeistern lassen und gerne dazukommen. Amen.

Und der Friede Gottes, der höher ist als unsere Vernunft, bewahre unsere Herzen und Sinne in Christus Jesus. Amen.

Eugen Eckert, Frankfurt a. M., Jahrgang 1954, Liedermacher und Studentenpfarrer.

---

6 Martin Luther Werke, Insel-Verlag, Frankfurt/M. 1983, Bd. 5, S. 284 f.

KATRIN GÖRING-ECKARDT

„Und stellt euch nicht dieser Welt gleich, sondern ändert euch durch Erneuerung eures Sinnes"
Über den Predigttext Röm 12,1-3

Röm 12,1-3

Ich ermahne euch nun, Brüder und Schwestern, durch die Barmherzigkeit Gottes, dass ihr eure Leiber hingebt als ein Opfer, das lebendig, heilig und Gott wohlgefällig ist. Das sei euer vernünftiger Gottesdienst.

Und stellt euch nicht dieser Welt gleich, sondern ändert euch durch Erneuerung eures Sinnes, damit ihr prüfen könnt, was Gottes Wille ist, nämlich das Gute und Wohlgefällige und Vollkommene.

Denn ich sage durch die Gnade, die mir gegeben ist, jedem unter euch, dass niemand mehr von sich halte, als sich's gebührt zu halten, sondern dass er maßvoll von sich halte, ein jeder, wie Gott das Maß des Glaubens ausgeteilt hat.

Schwestern und Brüder,
dieses Jahr ist noch neu genug, um Ihnen alles Gute zu wünschen für 2010. Es hat ja einen eindeutigen Trend: Komm zur Ruhe! Wie gut, dass man dann schon einmal hier ist. Möge gelingen, was Sie planen, möge Ihnen passieren, wovon Sie träumen, und möge Ihnen Kraft zuwachsen, wenn Sie Schweres trifft. Vielleicht tun Sie etwas, das Sie noch vor einem Jahr für unmöglich gehalten haben? Freuen Sie sich auf 2010? Ich schon, ehrlich gesagt. Ich könnte jetzt aufzählen, warum. Könnte den Ökumenischen Kirchentag erwähnen, eine Reise, die ich vorhabe, eine Rede, die ich halten werde. Aber eigentlich freue ich mich vor allem ganz allgemein darauf, Entdeckungen zu machen – gestern in Essen, heute in Ihrer Gemeinde ein wenig – Orte und Menschen zu entdecken vor allem. Und ich

freue mich auch ein bisschen darauf, vielleicht das eine oder andere noch bei mir selbst zu entdecken, was mich oder andere überraschen könnte. Kennen Sie das, so eine bestimmte, unbestimmte Freude, das Bereit-Sein für das Neue, das Andere, das Überraschende?

Und dann ist das Jahr ja auch noch so jung, dass die Chancen gut stehen, dass Sie alle Ihren Neujahrsvorsätzen bisher treu geblieben sind, oder? Zwischen Mitternacht und ein Uhr schmieden wir die großen Pläne: das Gute tun, alles umschmeißen, noch einmal neu beginnen, sich verändern und die ganze Welt gleich mit. Okay! Warum sitzen wir dann aber am 10. Januar eigentlich hier und sind nicht längst dabei zu handeln? Ist das nicht genau so gemeint? Rechter Gottesdienst ist richtiges Handeln in der Welt, oder?

Gottesdienst. Bleiben wir einen Moment dabei. Warum eigentlich Gottes-Dienst? Jedem vernunftbegabten Menschen ist es doch gegeben, das Richtige zu tun. Wieso müssen wir das auch noch mit Gott aufladen? Aber anders herum gefragt: Wenn Paulus, der Apostel, von vernünftigem, gutem Gottesdienst redet, dann soll unser Handeln gerade nicht „der Welt gleich sein". Was also macht das Besondere, das Einzigartige aus, das uns dann auch beim Handeln in der Welt auszeichnet? Kann man das Handeln in der Welt erkennen, das sich selbst als „vernünftiger Gottesdienst" versteht?

Ich mache mal einen Annäherungsversuch: Gottesdienst meint ja ursprünglich den Dienst Gottes an uns Menschen. Nicht wir dienen Gott, sondern Gott hat uns versprochen, sich finden zu lassen an besonderen Orten, in besonderen Worten, bei bestimmten Gesten. Und es ist klar: Gottesdienst ist nicht Pflicht, sondern Kür! Gottesdienst ist kein Gebot, sondern ein Angebot. Es besteht weder Abnahme- noch Verzehrzwang! Und Gott ist auch nicht kleinlich, Gott straft nicht den Langschläfer, sondern wenn überhaupt, straft sich der Langschläfer selbst, weil er sich um die Möglichkeit bringt, sich von Gott *bedienen* zu lassen. Das gilt auch, wenn wir uns – liebe Presbyter, werter Herr Pfarrer – ärgern, dass wir so wenige sind. Und ich sage das auch mir, wenn ich an manchem Sonntag trauere in meinem Dorf, wenn wir gerade einmal die Zahl der Jünger zusammenbringen. Das gilt also auch für uns, wenn sich zu viele um Freude und Frohlocken gebracht haben.

Ein Gottesdienst soll darum keine moralischen Appelle produzieren, auch keine allgemeinen Welterklärungen abgeben, er soll keine Politik machen oder soziale Richtigkeiten wiederholen. Haben Sie genau das heute von mir erwartet? Nein, ein Gottesdienst soll – trösten! Wie Christus im Johannisevangelium sagt: Ich will euch einen „Tröster" senden, damit ihr nicht alleine seid! Trost ist Einspruch gegen alle Einsamkeit, gegen alle Angst, gegen den Kummer, und Trost ist Warnung vor allem Größenwahn und aller Selbst-Unterschätzung. Trost ist Gottes Dienst am Menschen, weil er durch den Trost menschlich wird. Deswegen der schöne Vers: „Mach's wie Gott, werde Mensch!" Und Trost geschieht, wenn die Seele von Gott berührt wird, wenn unsere Gottesdienste so werden, dass wir Gottes Gegenwart spüren, erleben, erfahren können. Oder: Wenn die Seele gleichsam nach Hause kommen kann, wenn sie zur Ruhe Gottes findet, wenn sie frei wird von den Werken des Alltages, sich unterbrechen lässt. Wenn sie frei wird von den Klagen und Anklagen, den Sorgen und Schulden der Woche, wenn sie einkehren kann in die Ruhe des siebten Schöpfungstages und wieder hören kann: „Und siehe, es war sehr gut!" Gottesdienst ist das Naherholungsgebiet einer jeden angefochtenen Seele und auch das Ferienparadies einer jubelnden, liebenden, wachsenden Seele. Einen kurzen Moment berührt zu werden von diesem siebten Tag, einen kleinen Augenblick hineingezogen zu werden in die Stille der gerade geschaffenen Welt, einen Moment des Zaubers und des Staunens zu erleben über die Vollkommenheit unseres Lebens, auch wenn es uns manchmal schon enttäuscht hat. Aber wenn dies so ist, liebe Schwestern und Brüder, dann stellt sich nun die Frage: Wie handelt eigentlich eine getröstete Seele in der Welt? Wie sieht der vernünftige Gottesdienst eines getrosten Herzens aus?

Drei Gedanken möchte ich mit Ihnen wagen:

Erstens: „... dass ihr eure Leiber hingebt als ein Opfer, das lebendig, heilig und Gott wohlgefällig ist".

So heißt es im Text. Das ist dann wohl mehr als eine gute Tat am Tag. Hingabe – das ist größer, vollständiger, ist ganz und gar. In einer Liebesbeziehung würden wir wohl sagen: Hingabe ist das Sich-selbst-ganz-und-gar-Verschenken. Dann gibt es keine Grenze mehr zwischen mir und dir. Wenn ich alle Ängstlichkeit loslassen kann, mich verletzlich mache und zugleich weiß, hoffe und spüre: Der andere wird mich nicht verletzen, sondern hüten und schützen.

Mich ganz hinzugeben, als lebendiges Opfer, so sagt es der Text, hinzugeben an das, was Gott wohlgefällig ist, wohl wissend, dass ich mich damit verletzlich mache, weil es vielleicht gerade das Komische, Unnormale, Verrückte ist und nicht das, was alle Welt tut. Aber egal, wie groß die Gefahr ist, dass mich niemand versteht, egal, wie stark die Versuchung ist, darüber zu lachen, dass die Weltverbesserer wieder einmal unterwegs sind, und egal, wie dumm ich mich anstelle: Diese Hingabe ist geschützt und bewacht bei Gott. Aber er fordert auch, dass wir tun, was wir tun können. Also, loszugehen, ganz und gar lebendig zu sein, dem Herzen zu folgen und: etwas zu riskieren – das ist der Anfang des rechten Gottesdienstes. Der *Anfang*.

Denn zweitens: „ändert euch durch Erneuerung eures Sinnes, damit ihr prüfen könnt, was Gottes Wille ist …".

Damit kommen wir wohl dem näher, was die guten Taten des guten Menschen von dem unterscheidet, was mit rechtem Gottesdienst gemeint sein könnte. Zunächst einmal: Gottesdienst findet hier statt, in Ihrer wunderbaren Kirche. Mit Ihnen, die Sie Gemeinde sind, betend und singend und hörend. Der rechte Gottesdienst ist der, aus dem Sie nach Hause gehen und wissen und spüren: Gott ist mir nahe. Seine Engel sind bei mir und ich habe die Kraft erhalten, Licht weiterzugeben. Deswegen sind Gottesdienste ja etwas anderes als Kundgebungen, es geschieht mehr als Verkündigung. Gottesdienste sind Versammlungen von Herz und Sinn, von Seele und Geist, von Hoffen und Glauben, von Gemeinschaft und Liebe vor allem. Erneuerung unseres Sinnes, das geschieht nur, wenn Gott die Chance bekommt, in unser kleines, ängstliches, unzufriedenes Herz vorzudringen. Wenn wir es wagen und uns öffnen, dass ER es groß macht, verständig und leidenschaftlich. Gottesdienst – das ist, sich überraschen zu lassen von der Nähe Gottes. Und ja: Die Welt ist nicht so, dass wir es leicht hätten mit ihr. Und wir sind so, dass wir es der Welt mehr als schwermachen mit uns: Klimakrise, Finanzkrise, Hunger, Kriege.

Da sind wir nur ein kleines Licht. Nur ein kleines Licht? Oder sind wir das Licht, das leuchtet? Das macht den Unterschied! So geschieht rechter Gottesdienst: dass wir losgehen, dass wir uns verwandeln lassen, damit unsere Hände einem lebendigen, weiten und hellen Herzen folgen, das uns leuchten lässt.

Drittens: „… was Gottes Wille ist, nämlich das Gute und Wohlgefällige und Vollkommene."

Gut, wohlgefällig und auch gleich vollkommen soll das sein, was wir kraft unserer Erneuerung hervorbringen. Da müssen wir passen, daran werden wir wohl scheitern. Aber das könnten wir auch wissen aus unseren Gottesdiensten: dass Kirche gerade nicht eine Veranstaltung von Superstars ist. Dieter Bohlen würde uns doch alle ziemlich schnell aussortieren. Gut, vollkommen, wohlgefällig, ja, das ist Gottes Wille, aber nicht wir, nicht Sie und Sie und ich müssen ihn je allein „umsetzen". Das, was wir in unseren hellen und weiten Herzen tragen, können wir getrost in Unvollständigkeit weitergeben. Wir können darauf bauen, wissend, hoffend, dass da noch andere sind, an unserer Seite oder auch weit entfernt, aber sie streben nach dem Gleichen. Und da ist Gott, der es aushält, dass wir nur unvollständig handeln.

Gut, wohlgefällig, vollkommen, das ist Gottes Wille. Nein, eine Nummer kleiner ging es mal wieder nicht. Aber die Ausrede: „Ich kann ja doch nichts ausrichten", verfängt nicht mehr. So klein sind wir nämlich nicht. „Lass uns in deinem Namen Herr, die nötigen Schritte tun", heißt es in einem bekannten Kirchenlied. Wir werden es nachher singen. Und wir können sie gehen, die kleinen Schritte, auf dem Weg, auf den wir uns gemacht haben, erneuert, immer wieder offen dafür, noch überrascht zu werden. Mit weitem, hellem Herz und: gemeinsam mit anderen.

Schwestern und Brüder,
nun müssen wir natürlich auch darüber reden, was die nötigen Schritte sind. Nehmen wir ein Beispiel. Das, das besonders brennt – oder besser: schmilzt. Und versuchen wir, den Unterschied zu machen.

2010 haben die Vereinten Nationen zum Jahr der Artenvielfalt ausgerufen. Der Reichtum der Arten, die Vielfalt des Lebens selbst ist es, worüber wir hier sprechen. In den letzten fünf Jahren ist die Zahl bedrohter Arten um 44 Prozent gestiegen. An jedem einzelnen Tag sterben 150 Arten aus. Die so genannten Roten Listen werden immer länger, seien es Fischotter, Gelber Enzian oder – natürlich – der Eisbär. Manche Robbenart, ungezählte Wildtiere und Pflanzen finden sich nicht mehr in den Listen. Nicht sonst wo, auch hier an der Ruhr. Weil es sie nicht mehr gibt. Farben, Formen und Geräusche sind unwiderruflich verschwunden.

Sie kennen das: Der Flügelschlag eines Schmetterlings im Amazonas kann einen Orkan in Europa auslösen. Alles steht im Zusammenhang und wir überblicken bei Weitem noch nicht das Ausmaß. Jede Tier- oder Pflanzenart steht mit etwa fünf anderen in Wechselbeziehung – stirbt eine aus, trifft es die anderen und bedeutet, dass sich das gesamte Netzwerk verändern muss, weitere Verluste nicht ausgeschlossen.

Der Hauptgrund für die rasante Abnahme sind wir selbst. Zerstörung von Lebensräumen, Klimawandel, Umweltschäden, die Übernutzung natürlicher Ressourcen. Die Ausbeutung der Natur beraubt aber nicht allein die Pflanzen- und Tierwelt. Es geht auch um die Zukunft der Lebensräume von Menschen, es geht um Zukunftschancen kommender Generationen. Obwohl wir das alles wissen und obwohl klar ist, was getan werden muss, war die UN-Klimakonferenz in Kopenhagen ein Desaster. Desmond Tutu hat der Welt ins Gewissen geredet. Und die Welt ist auf die Straße gegangen, ist durch die Kälte marschiert und hat laut und vernehmlich gerufen: „Tut, was notwendig ist!" Aber die Weltenführer wurden ganz klein und waren ohne Mut.

Unser Mut und unser leuchtendes Herz also bleiben gefragt. Und hier ist er deutlich, der Unterschied: Wir könnten am Stammtisch sitzen oder nachher vor der Kirche stehen und meckern über „die da oben". Wir könnten aber auch losgehen, anfangen und nicht wie alle Welt, sondern eben anders handeln. Es gibt sie, die kleinen konkreten Schritte: einmal mehr mit den Rad fahren statt mit dem Auto, einmal mehr mit dem Zug in den Urlaub als mit dem Flieger. Auf der Autobahn eher 120 als 170. Das Licht ausschalten, wenn gerade niemand Erleuchtung braucht, und das Standby am Fernseher auch. Recyclingpapier, fair gehandelter Kaffee, regionale Lebensmittel.

Und es gibt etwas darüber hinaus, das mit Erneuerung, Verwandlung, einer anderen Haltung zu tun hat. Wir müssen anders leben, mit weniger: weniger Überfluss, weniger Sinnlos-Konsum, weniger Hektik, weniger Ablenkung vom Wesentlichen. Das hat mit Verzicht zu tun, nicht aber mit Verlust. Sondern wir werden haben können, was wir wirklich brauchen, ein im Wortsinn leichteres Leben, ein Leben in Fülle andererseits.

Die nötigen Schritte tun? Ja. Und zwischendurch können wir dann doch noch „denen da oben", also uns Politikern, einen kräftig-göttlich-zärtlichen Tritt in den Hintern verpassen, damit auch sie verstehen, dass es um mehr geht als die kleine Welt der Grabenkämpfe.

Die nötigen Schritte tun, das heißt auch, sich nicht wegzuducken, wenn es schwierig wird. Denken wir an Afghanistan: Was, so heißt vielleicht hier die Frage, könnte wohl alles umwerfen, was wir bis hierher und immer in großer Gewissheit für richtig gehalten haben? Frieden schaffen ohne Waffen, so bin ich jedenfalls sozialisiert. Und ich bin froh, dass wir genau darüber gerade jetzt wieder diskutieren, froh, dass Margot Käßmann genau an dieser Stelle die notwendige Frage gestellt hat – genau die Frage, um die es geht. Nicht wegducken heißt zu fragen: Was ist, wenn alles Wollen um Zivilität und alles Wirken, ein Land zu bauen, doch zumindest mit Waffen geschützt werden muss? Hilft es, wenn wir den dichten Vorhang von Prinzipien und richtigen wichtigen Überzeugungen beiseiteschieben und uns ganz und gar den Menschen zuwenden? Zuerst stehen hinter dem Vorhang aus Prinzipien die Mädchen, die seit fünf Jahren wieder zur Schule gehen können, und ihre Mütter, die das nicht durften und jetzt mitlernen. Da steht die wieder aufgebaute Universität von Kabul, die es nicht mehr gab. Da steht der Sänger, der die alten Lieder wieder ins Leben holt, weil doch alle Musik, alle Bibliotheken, auch das komplette afghanische Filmarchiv von den Taliban vor vielen Jahren schon vernichtet wurden. Dahinter stehen die kleinen Jungen, die ihre Sehnsucht wieder mit den Drachen in den Himmel schicken dürfen. Kann uns das umstimmen? Sicher nicht, was den Angriff in Kunduz angeht, auch vieles andere nicht. Aber die beiden Mädchen aus der Mädchenschule, die mir gesagt haben: „Ihr dürft nicht nur reden, ihr müsst uns auch bewachen und beschützen und das geht hier nicht ohne Waffen und lasst uns nicht wieder allein!" – diese Stimmen gehen mir nicht aus dem Sinn. Und sie zwingen meine Seele, über die Grenze zu schauen. Da bleibt es unwiderruflich richtig: Nur, wenn der zivile Aufbau, das alltägliche Leben gelingen, nur, wenn Getreide die Menschen ernährt und nicht die Gelder aus dem Mohnanbau, nur, wenn Schulen, Krankenhäuser und Theater ihre Türen offen haben, können wir sagen: Da ist ein Land zu sich selbst gekommen. Wenn dafür Schutz, auch militärischer, nötig ist, dann und nur dann und nur unter strengen Regeln, können wir eben darüber anders denken, als wir es „immer" gedacht haben. Unverrückbar bleibt der Satz: Waffen schaffen keinen Frieden. Helfer, Lehrerinnen, Sänger, die können das. Wir können an ihrer Seite sein.

Liebe Schwestern und Brüder,
einfach ist das alles natürlich nicht. Manchmal sind wir kleingläubig und kleinmütig und mit der Erneuerung will es nicht recht klappen.

Manchmal ist das Licht aus und wir sind ausgebrannt, nachdem wir doch so vieles versucht haben. Dann kommen wir vielleicht zurück auf jenen siebten Tag der Woche, an dem wir Gottes Geschöpfe sind und Kraft und Erneuerung finden. Dann ist es sicher der richtige Ort, hier zu sein, an diesem 10. Januar, in der Kirche, im Gottesdienst, und zu erfahren, was es heißt, dass Gott nahe ist.

„… ändert euch durch Erneuerung eures Sinnes …". Ja, die Welt braucht die, die anders sind und die anders handeln. Vielleicht ist es ja doch nicht schlecht, dass es erst Tag zehn ist. Das Jahr liegt vor uns wie ein Versprechen. Mit allen Möglichkeiten. Beinahe unberührt. Und vielleicht hat unser Gottesdienst den Funken in unser Herz gelegt. Das ist noch weiterer Grund, sich nun wirklich aufzumachen, zu wissen, dass es keine Ausrede gibt. Dass Erneuerung heißt, andere mit auf den Weg zu nehmen oder sie loszuschicken, die Politikerinnen und Politiker zum Beispiel, Ihre Nachbarin, aber auch den eigenen Ehemann. Darauf kommt es an, dass wir Verwandelte sind und uns auf den Weg machen. Mit weitem, hellem Herz. Und niemals allein.

Gott schenke uns allen seine helle Gnade. Amen.

Katrin Göring-Eckardt, Berlin, Jahrgang 1966, Vizepräsidentin des Deutschen Bundestages, Präses der Synode der EKD, Präsidentin des 33. Deutschen Evangelischen Kirchentags Dresden.

OKKO HERLYN

„Biblisches Panikorchester"
Über den Predigttext Ps 150

Ps 150
Halleluja!
Lobet Gott in seinem Heiligtum, lobet ihn in der Feste seiner Macht!
Lobet ihn für seine Taten, lobet ihn in seiner großen Herrlichkeit!
Lobet ihn mit Hörnerschall, lobet ihn mit Harfe und Leier!
Lobet ihn mit Trommel und Reigen, lobet ihn mit Saiten und Pfeife!
Lobet ihn mit hellen Zimbeln, lobet ihn mit schallenden Zimbeln!
Alles, was atmen kann, lobe den Herrn!
Halleluja!

Liebe Gemeinde,
in ganzen sechs Versen werden wir sage und schreibe elf Mal aufgefordert, Gott zu loben. „Lobet, lobet, lobet ...", das Halleluja nicht mit eingerechnet. Es scheint fast so, als würde ein großes Orchester aufgeboten, um in das Lob Gottes einzuladen: Hörner und Harfe, Trommel und Pfeife, Zimbel und Reigen ... ja, es darf sogar getanzt werden. „Alles, was atmen kann, lobe den Herrn!"

Doch schon höre ich Einwände: Moment mal, „alles, was atmen kann, lobe den Herrn!" – das klingt mir nun doch ein wenig zu sehr nach Kirche, nach Pastor, nach frommem Augenaufschlag und Hallelujazwiebel. Okay, wenn ich so darüber nachdenke, habe ich manchmal schon Grund, dankbar zu sein. Aber dazu muss ich doch nicht gleich den Herrn loben und am Ende noch jeden Sonntag in die Kirche rennen. Das überlasse ich dann doch lieber den Frommen und Überzeugten.

Vielleicht mag ein Anderer einwenden: Ich würde ja gerne einmal Gott loben, aber ich weiß beim besten Willen nicht, wie. Mir fehlen oft die Worte, ich fühle mich unbeholfen, brumme mehr, als ich singe, und außerdem kann ich keine Posaune spielen. Ja, unser Pastor Hagmann, der kann gut formulieren, findet immer das richtige Wort und hat zudem eine super Stimme. Dagegen komme ich mir, ehrlich gesagt, oft ziemlich mickerig vor. Sicher, ich könnte das ein oder andere aus einem Buch ablesen. Aber ich selbst mit meinen beschränkten Möglichkeiten sehe mich da doch ziemlich weit weg von den großen Tönen dieses Psalms.

Und vielleicht mag wieder eine Andere einwenden: Gott loben? Wenn ich ehrlich bin, ich wüsste zurzeit nicht, warum. Die Sorge um meine Gesundheit, um meinen Arbeitsplatz, um den Fortbestand meiner Beziehung. Da soll ich nun lauthals Loblieder singen? Die zunehmende Gewalt auf Straßen und Schulhöfen, die immer neuen Kriege irgendwo auf der Welt, das skandalöse Arm-Reich-Gefälle, die bedrohlichen Klimaveränderungen überall auf der Erde. Da soll ich nun vollmundig in lauten Jubel ausbrechen? Klagen – ja. Gerne auch regelmäßig und ausführlich. Aber loben, Gott loben? Wenn ich ehrlich bin: nein, danke.

Liebe Gemeinde, ich habe den Eindruck, dass unser Psalm genau für solche Leute geschrieben ist. Für Leute, die unsicher geworden sind. Für Leute, die gerade nicht wissen, wie, wo und warum um alles sie Gott loben sollen. Für Leute, die mit ihrem Glauben und ihrem Zweifel, mit ihrem Mut und ihrem Kleinmut, wenn sie ehrlich sind, irgendwie an eine Grenze gekommen sind. Also vielleicht auch für Leute wie dich und mich. Ich habe den Eindruck, als ob uns unser Psalm hier Schritt für Schritt behutsam an die Hand nimmt, damit wir – Fromme oder weniger Fromme, Überzeugte oder Verunsicherte, Beter und Zweifler – vielleicht noch einmal ganz neu lernen, was es heißt, Gott zu loben.

Der Psalm beginnt mit den Worten – wir hörten es – „Halleluja! Lobet Gott in seinem Heiligtum, lobet ihn in der Feste seiner Macht!" Aha, so könnten nun manche sagen: So ähnlich haben wir uns das ja gedacht! Gott loben, das ist doch eher etwas für die religiös Begabten, für die Frommen und Kirchgänger. Ist hier nicht ausdrücklich von „Heiligtum" die Rede? Also von Tempel, Kirche und Gottesdienst am Sonntagmorgen?

Nein, sagt der Psalm, ihr irrt. Gottes Gegenwart ist nicht an irgendwelche heiligen Gemäuer gebunden. Seine Herrschaft beschränkt sich nicht auf religiöse Wagenburgen und fromme Zirkel. „Lobet ihn in der *Feste* seiner Macht!" Die Feste, ihr erinnert euch vielleicht, die kommt in der berühmten Schöpfungsgeschichte vor: „Und Gott sprach: Es werde eine Feste ...", das große Firmament über die ganze Erde.

Gott loben, das geht also überall, weil sein Reich an allen Orten, eben in der „Feste seiner Macht" sichtbar werden soll: in Häusern und auf Straßen, in Familien und Vereinen, in Kirchen und Kantinen, in Fabriken und Büros, in Kindergärten und Schulen, im Persönlichen wie im Öffentlichen und Politischen. So leicht, sagt der Psalm, könnt ihr es euch nicht machen, dass ihr Gott in irgendwelche vermeintlich heiligen Nischen abdrängt. Wer wirklich Gott, also den Schöpfer Himmels und der Erden, lobt, der wird die Tür manch verrammelter Kirche und auch die Tür manch eines engen Herzens und vielleicht sogar die Tür manch einer christlichen Borniertheit entschieden aufzureißen haben: „Lobet ihn in der Feste seiner Macht!" In solch einem Satz atmet die herrliche Freiheit des Glaubens – gegen alles religiöse Muckertum.

Und weiter: „Lobet ihn für seine Taten, lobet ihn in seiner großen Herrlichkeit!" Lobet *ihn*! Wie befreiend ist allein das für uns, die wir so häufig unter dem unerträglichen Zwang stehen, uns ständig selbst loben zu müssen. Für *unsere* Taten, für *unsere* – angeblichen – Herrlichkeiten. Wie viel Marktgeschwätz, wie viel Stammtischgerede, wie viel Small Talk ist nicht voll von Lobeshymnen vor allem auf uns selbst! Wie man wieder irgendwo gut dagestanden hat. Wie man es wieder jemandem so richtig gezeigt hat. Was für ein toller Hecht man doch ist. Und welch erfolgreiche Kinder und Enkelkinder man aufzubieten hat. Von irgendwem muss der Bursche doch seine Begabung, seine Intelligenz, sein blendendes Aussehen oder seinen umwerfenden Charme haben. Oder auch in der Gemeinde:

Wie erfolgreich man doch diesen Gottesdienst oder jenes Gemeindefest, diese Gruppenstunde oder jene Wochenendfreizeit wieder einmal hingekriegt hat. Selbstlob – auch uns als Kirche nicht ganz fremd, wenn wir ehrlich sind.

Halt, sagt auch hier unser Psalm. Nehmt doch bitte einen Augenblick einmal Abstand von euch selbst und schaut auf einen anderen: „Lobet *Gott* für seine Taten, lobet *ihn* in seiner großen Herrlichkeit!"

Gottes Taten? Die Bibel lässt uns nicht lange darüber im Unklaren, was sie unter Gottes Taten versteht. Es ist – um es kurz zu machen – zunächst ganz schlicht seine *Schöpfung*. Dass Himmel und Erde, Wasser und Pflanzen, Tiere und Menschen kein Zufallsprodukt sind, das ist seine Tat. Es ist alsdann seine Zuwendung zu seinem *Volk Israel*. Dass er sich diesen kleinen, unscheinbaren Haufen zum Eigentum erwählt und ihn aus Unterdrückung und Sklaverei befreit, das ist seine Tat. Es ist dann aber vor allem die Geschichte *Jesu Christi*, in der er selbst sichtbar zur Welt kommt, Menschen ohne Ansehen der Person aufhilft an Leib und Seele, ja, für sie stirbt und aufersteht. Das ist seine Tat. Es ist schließlich das Geschenk seines *Heiligen Geistes*. Dass er auch uns nahe ist, auch heute noch Menschen sammelt und in Bewegung bringt, sie tröstet und ermahnt, ermutigt und stärkt, ihnen Halt, Orientierung und eine Hoffnung gibt, das alles ist seine Tat.

„Lobt Gott für seine Taten!" Wer wollte da noch sagen, er wisse nicht, warum er Gott loben soll? Sieh auf dein Leben. Überlege, dass auch du aus seiner Hand kommst. Dass auch du mannigfach bewahrt wurdest. Denke daran, wo er dich – vielleicht auch einmal gegen deinen erklärten Willen – geführt hat. Wo er dir nahe war in dunklen Stunden. Wo er dich neu versehen hat mit Liebe und Zuversicht, mit Gemeinschaft und Geborgenheit. Und da willst du noch sagen, du habest keinen Grund, ihn zu loben?

Aber da bleibt noch die Sache mit den Instrumenten. Wir hörten: „Lobet Gott mit Hörnerschall, lobet ihn mit Harfe und Leier! Lobet ihn mit Trommel und Reigen, lobet ihn mit Saiten und Pfeife! Lobet ihn mit hellen Zimbeln, lobet ihn mit schallenden Zimbeln!" Bei Lichte besehen wahrlich kein Symphonie, sondern eher ein Panikorchester. Horn und Harfe, Trommel und Pfeife, Zimbel und Reigen ... Man hat fast den Eindruck: Hier kann eigentlich jeder mitmachen. Und schon höre ich wieder den Einwand: Ich bin aber gar nicht musikalisch. Und Pfeife und Leier kann ich schon gar nicht spielen.

Und abermals scheint uns der Psalm zurückzufragen: Muss es denn unbedingt ein *Musik*instrument sein? Vielleicht kannst du mit einem guten Wort Gott loben. Vielleicht auch mit deinen Händen oder deinen Füßen. Vielleicht mit deinen freundlichen Augen und deinen aufmerksamen Ohren. Vielleicht mit deinem Verstand oder deinem Gefühl. Vielleicht mit deiner Logik oder deiner Phantasie. Vielleicht mit deiner Sachlichkeit oder deiner Zärtlichkeit. Vielleicht mit deiner Fachkompetenz oder deinem Einfühlungsvermögen. Instrument zum Lobe Gottes kann doch offensichtlich alles sein, was geeignet ist, von uns weg auf einen anderen, auf ihn, den Schöpfer Himmels und der Erden hinzuweisen. „Jedem Kind ein Instrument" – eine löbliche politische Forderung. Zu Gottes Lob sind uns die Instrumente bereits in die Wiege gelegt.

Liebe Gemeinde, müssen wir zu dem Allen besonders fromm, besonders religiös veranlagt oder auch nur besonders kirchlich geprägt sein? Brauchen wir zu dem Allen eine besondere spirituelle Antenne?

Hören wir ein vorläufig letztes Mal auf unseren Psalm: „Alles, was atmen kann, lobe den Herrn!" *Alles!* Ja, wer kann nicht alles atmen? Jeder lebendige Mensch kann es, egal ob klein oder groß, jung oder alt, gesund oder krank, dumm oder schlau, reich oder arm, schwarz oder weiß. „Alles, was atmen kann." Vielleicht sogar die Tiere, Vieh und Gewürm, die Pflanzen, Blumen und Bäume, Wasser und Luft, Sonne und Regen, Hagel, Holz und Stein, ich weiß es nicht. Die Bibel jedenfalls fordert nicht selten die ganze Schöpfung auf, jedes Geschöpf auf seine Weise, Gott zu loben, also ein vernehmbarer Hinweis auf seine Herrlichkeit zu sein.

Horn und Harfe, Zimbel und Leier, Trommel und Reigen. Gitarre und Keyboard, Schifferklavier und Dudelsack, Rockband und Symphonieorchester. Kantate und Gospel, Bachtrompete und Lagerfeuergeklampfe, vollmundiger Gesang und stilles Seufzen – was uns als Panikorchester erscheinen mag, in Gottes Ohr ist es vielleicht längst ein lieblicher Wohlklang. Kind oder Greis, Frau oder Mann, Verkäuferin oder Schalterbeamter, Bochumer Junge oder Mädchen mit Migrationshintergrund, Deutscher oder Afrikanerin – was uns manchmal wie ein wirres Farbengemisch vorkommt: In Gottes Auge ist es vielleicht längst ein fein durchkomponiertes Bild, selbst wenn wir das in unserer christlichen oder vielmehr unchristlichen Kleinkariertheit noch nicht erkannt haben. Das Anderssein des Anderen nicht als Bedrohung, sondern als *Bereicherung* empfinden – das wäre es doch. Warum sonst: „*Alles*, was atmen kann, lobe den Herrn!"

Beten *und* Arbeiten, Glaube *und* Zweifel, Nachdenken *und* Ärmelaufkrempeln, Kontemplation *und* Kampf für eine gerechtere Welt – was auf uns oft wie ein kirchliches Sammelsurium, gar wie ein unversöhnlicher Widerspruch wirkt, bei Gott gehört es vielleicht längst zusammen, ist dort vielleicht längst versöhnt und zu verborgener Harmonie gebracht. Warum sonst: „*Alles*, was atmen kann, lobe den Herrn!" „Lobt Gott mit der Kraft eurer Hände", heißt es z. B. in einem modernen Psalm. Und weiter:

„Lobt Gott mit der Schärfe eurer Gedanken.
Lobt Gott mit euren Fragen,
lobt ihn mit euren Fehlern.
Lobt Gott mit eurer Offenheit,
lobt ihn mit eurer Gastfreundschaft.
Lobt Gott mit den Worten fremder Völker,
lobt ihn mit den Klängen ferner Länder.
Lobt Gott mit eurem Schweigen.
Lobt Gott mit allen Stimmen, mit eurem Atem.
Lobt Gott mit euren Körpern.
Alt und Jung lobet den Herrn." (Uwe Seidel)

Wenn ich unseren alten Psalm richtig verstanden habe, dann kann jeder von uns – Panikorchester hin oder her – mindestens ein Instrument zu Gottes Lob virtuos und unverwechselbar spielen: *sich selbst*. Amen.

Prof. Dr. theol. Okko Herlyn, Duisburg, Jahrgang 1946, Kabarettist, Kolumnist und Theologieprofessor.

HANS-DETLEF HOFFMANN

„Jauchzet Gott in allen Landen"
Über die Kantate BWV 51 von Johann-Sebastian Bach

Kantate 1. Teil

BWV 51	*Jauchzet Gott in allen Landen!*
1. Aria	*Jauchzet Gott in allen Landen!*
Tromba, Violino	*Was der Himmel und die Welt*
I/II, Viola,	*An Geschöpfen in sich hält,*
Continuo	*Müssen dessen Ruhm erhöhen,*
	Und wir wollen unserm Gott
	Gleichfalls jetzt ein Opfer bringen,
	Dass er uns in Kreuz und Not
	Allezeit hat beigestanden.
2. Recitativo	*Wir beten zu dem Tempel an,*
Violino I/II,	*Da Gottes Ehre wohnet,*
Viola, Continuo	*Da dessen Treu,*
	So täglich neu,
	Mit lauter Segen lohnet.
	Wir preisen, was er an uns hat getan.
	Muss gleich der schwache Mund von seinen Wundern lallen,
	So kann ein schlechtes Lob ihm dennoch wohlgefallen.
3. Aria	*Höchster, mache deine Güte*
Continuo	*Ferner alle Morgen neu.*
	So soll vor die Vatertreu
	Auch ein dankbares Gemüte
	Durch ein frommes Leben weisen,
	Dass wir deine Kinder heißen.

Jauchzet Gott in allen Landen – was für ein Jubel, liebe Gemeinde, was für ein Jauchzen und Frohlocken in dieser Musik! Am Anfang die Trompete, das Instrument der Könige: In schmetternden Fanfaren kündet sie die Ankunft eines großen Herrschers an. Und dann schwingt sich die Musik zuerst in der Trompete und dann in der Singstimme in perlenden Koloraturketten hinauf wie die Lerche in die Himmelsluft: Jauchzet, jauchzet Gott in allen Landen! Wahrlich: Schöner ist Jubel, ist pfingstliche Begeisterung nie vertont worden als von Bach in dieser Solokantate!

Wie wirkt diese strahlend schöne Musik auf uns? Können wir einstimmen in ihr Jauchzen, heute am Pfingstfest, angesichts so vieler Dinge, die uns eher klagen denn jubeln lassen? Hat uns diese Musik etwas zu sagen oder war das in erster Linie einmal ein Kunstgenuss, ein Beitrag der Kirchen zur Kulturhauptstadt Ruhr 2010? Bach als protestantisches Erbe – darauf sind wir stolz. Und in der Tat: Wo wäre vollkommenere Kunst zu finden als bei Bach, dem Größten im Reich der Musik!

Doch Bach, so bin ich überzeugt, wollte mehr als uns nur geistvoll unterhalten und erbauen mit einem Werk der Hochkultur. Wenn wir diese Kantate zu Pfingsten heute Morgen hörten und uns damit zufrieden gäben, künstlerisch erbaut worden zu sein, wenn wir aus diesem Gottesdienst herausgingen nur mit dem Gefühl, den stolzen Beweis für die Berechtigung des Ehrentitels der Kulturhauptstadt Ruhrgebiet auch als evangelische Kirche erbracht zu haben, dann wäre niemand unzufriedener mit uns und mit sich selbst als der alte Bach. Bach wollte verkündigen, er ist in Wahrheit der musikalische Prediger heute Morgen in diesem Pfingstgottesdienst.

Um dieses Endzwecks willen freilich hat er nun all seine Kunst in dieser Kantate angewendet – Kunst im Dienste des Evangeliums. *Jauchzet Gott in allen Landen* ist eine der kunstvoll-virtuosesten Kantaten, die Bach je geschrieben hat. Bis heute stellen sich viele ungelöste Fragen zu diesem Werk, z. B. die Frage, für wen in aller Welt wohl diese virtuosen Solopartien unserer Kantate bestimmt gewesen sein mögen. Für die Trompete lässt sich das noch relativ eindeutig beantworten. Bach hat diese Partie dem Trompetenvirtuosen Gottfried Reiche auf den Leib geschrieben, jenem Ludwig Güttler des Barock, der für Bach all die hohen Clarinpartien, z. B. im Weihnachtsoratorium, geblasen hat. Sein plötzlicher Tod im Jahre 1734 nährte freilich das Gerücht, dass er sich bei den extrem schwierigen Trompetenpartien allzu sehr verausgabt und erschöpft habe. Doch wem war diese virtuose Sopranpartie zugedacht? Welcher begnadeten Sopranistin konnte Bach solche Koloraturen mit einem Stimmumfang bis zum dreigestrichenen C zumuten? Einer durchreisenden Operndiva vielleicht, die auf dem Weg an die königliche Hofoper in Dresden ein kurzes Gastspiel in Leipzig absolvierte? Ausgeschlossen, denn im konservativen Leipzig durften im Gottesdienst keine Frauen mitwirken. „Das Weib schweige in der Gemeinde!" galt als ehernes Gesetz auch in der Kirchenmusik. Es muss wohl ein Thomaner gewesen sein, ein Knabe also von 12–13 Jahren, der diese Partie wie die anderen Solopartien in Bachs Kantaten gesungen hat. Wie das wohl geklungen haben mag, nicht nur beim dreimaligen hohen C? Ganz sicher viel weniger perfekt als unsere Aufführung und unsere CDs heute. Ein Kind also sang von Jauchzen – oder war es mehr ein Juchzen, was da erklang? Lag da vielleicht eine Absicht drin? Hat Bach das einkomponiert in seine Musik, solche kindliche Unvollkommenheit, Schlichtheit und Innigkeit? Ja, was in aller Welt wollte Bach mit dieser kunstvollvirtuosen Musik verkünden? Fragen wir also, liebe Gemeinde, nach der Botschaft dieser Kantate in Wort und Ton in den Teilen, die wir eben gehört haben.

Jauchzet Gott in allen Landen! So beginnt der 66. Psalm und so beginnt die Kantate. Nicht nur dieser erste Vers ist ein Bibelzitat. Die gesamte Kantate bringt immer wieder Bibelverse aus den Psalmen, aber auch aus dem Neuen Testament. Bach predigt wirklich wie der Pastor von der Kanzel über biblische Texte. Und so beantwortet er gleich im ersten Satz die Frage: Wem wird da zugejauchzt, wer zieht da pfingstlich bei uns ein mit den Auslegungsmitteln seiner Musik? Wer kommt da an?

Für Bachs Hörer war es selbstverständlich: Die Trompete, die in Dreiklangsfanfaren den Einzug eines großen Herrschers feiert, ist das Instrument Gottes. Der Dreiklang, die Urharmonie der Musik, ist ein Gottessymbol! Der Grundton steht für den Schöpfer, die weiche Terz für den Erlöser, die bestimmende dominante Quinte für den Geist, der da Bewegung bewirkt und verwandelt. Und dann erreicht der Dreiklang in der Oktave wieder den Einklang, wieder die große Einheit: Gott ist Einer, auch wenn wir ihn dreifach preisen und zu Pfingsten besonders seines Wirkens im Geist gedenken.

So wird im Gott im Dreiklang gepriesen und in der Oktave als der Eine und Einzige dargestellt. Wer das im Eingangssatz noch nicht bemerkt hatte, der hat es dann bei der Arie deutlich hören können: Das Wort „Höchster" hat Bach natürlich als Oktavschritt vertont. Gott ist der Höchste und niemand sonst! Was für ein strahlender Anfang also und was für eine starke Auslegung: Diese Musik verkündet also die Ankunft Gottes, der pfingstlich bei uns einzieht. Ihm gilt das Jauchzen mit feurigen Stimmen wie in der Pfingstgeschichte, die wir eben gehört haben. Ihn preist unser Jubel und unser Lied und niemanden sonst. Das sagt sich leicht; das klingt irgendwie fromm und – plausibel. Aber was bedeutet das? Gott als den Höchsten und Herrn über alle Herren anzuerkennen – das, liebe Gemeinde, ist ein deutlicher Widerspruch und Widerstand gegen alle anderen Herrschaftsansprüche unserer Zeit. Gott die Ehre geben, ihm jauchzen, heißt, allen falschen gottlosen Bindungen und Kräften in uns und um uns eine Absage zu erteilen. Nicht die Macht des Geldes regiert diese Welt. Nicht die Gewalt der Waffen bestimmt den Gang der Weltgeschichte. Und auch die Macht der Mächtigen ist nur scheinbar; auch ihre Taten und Untaten vermögen nichts gegen Gottes Lenken und Plan. Darum gilt es, Gott allein zu preisen und sein Leben an diesem Gott festzumachen, der die Welt und unser Leben in seinen Händen hält. Das verkündet diese Musik mit ihrer herrscherlichen Pracht als Kampfansage gegen alle falschen Götter und selbsternannten Herrn dieser Welt und als Signal des Trostes zugleich: Unser Gott kommt – weihnachtlich als der Schöpfer, österlich als der Erlöser und pfingstlich als der Geist, der uns in Bewegung setzt.

Doch warum, liebe Gemeinde, sollen wir diesem Gott, der so anders ist als die Herren dieser Welt, zujauchzen? Das sagt die Eingangsarie in klaren Worten und Tönen. Wir haben es eben gehört: In all dem Jubel gab es im Mittelteil der Arie auch Eintrübungen, stillere, nachdenklichere Stellen, z. B. bei dem Text: Wir wollen unserm Gott gleichfalls jetzt ein Opfer bringen, dass er uns in Kreuz und Not allezeit hat beigestanden.

Von Kreuz und Not war die Rede. Wer an dieser Stelle in die Noten schaut, der sieht Kreuze über Kreuze in der Musik: Erhöhungszeichen cis, dis, fis in allen Stimmen auch in der Singstimme auf das Wort „Kreuz". Doch auch wer nicht Noten lesen kann – und wer hatte schon damals in Leipzig oder heute hier in Harpen die Partitur dabei –, der kann es hören in der Musik: Nur hier im Mittelteil erscheint das Ritornellthema, das sonst die Trompete spielt, nicht im strahlenden C-Dur, sondern eingetrübt in Moll. Ja, zuletzt sogar auf das Wort *Kreuz und Not* sang die Sopranistin ein dissonantes A zum Thema in H-Dur – ein spannungsvoller Septakkord, der die Not gleichsam erlebbar machte.

Kreuz also und Not: Mit diesen Begriffen bezeichnet unsere Kantate das Leben, unser Leben in dieser Welt, das nun wahrlich nicht immer jubelnd und heiter ist. Bach nimmt das bei allem Jauchzen sehr wohl wahr: Er lügt sich und uns nicht in die Tasche durch einen Enthusiasmus, der die Welt überspringt. Im Gegenteil: Not, Leid und Tod, die vielen Kreuze, die in dieser Welt aufgerichtet sind auf unseren Friedhöfen, an den Straßen, an den Erinnerungsorten all der Gräuel, die Menschen bewirkt haben in Krieg und Terror – sie kennzeichnen unsere Lage in der Welt. Und die ist oft genug zum Verzweifeln.

Doch der Glaube weiß, dass diese Erfahrung nicht das letzte Wort behält und Gottes Wahrheit nicht widerlegt, im Gegenteil. Wer glaubt, weiß sich gerade in Not und Leid in Gott geborgen:

Dass er uns in Kreuz und Not allezeit hat beigestanden, sagt der Text. Und die Musik malt es, indem Violine und Singstimme parallel und im Kanon einander begleiten: So geht Gott mit uns durch die Zeit, an unserer Seite, auch wenn wir es oft nicht merken – so, wie die Singstimme geleitet wird von dem Schatten Gottes, der gleichsam in der Violine mitgeht –, und er bewahrt und trägt uns!

Nein, liebe Gemeinde: Kreuz und Not sind kein Betriebsunfall Gottes, keine Widerlegung seiner pfingstlichen Gegenwart. Im Gegenteil: Sie sind seine verborgene Weise, ganz bei uns zu sein. Unser Kreuz wird sein Kreuz, unsere Not seine Not, die er in Jesus Christus für uns erlitt, um uns so ganz nahe zu sein. Da ist kein Leid, kein Kreuz und keine Not, die er nicht zuvor für uns durchlitten hat. Dafür stehen die vielen Kreuze in den Noten, die mitleidvolle Molltonart und der Kanon, in dem Gott uns ganz nahe ist.

Unsere Kantate verkündet also gleich im Eingangssatz mit seinem Trompetengeschmetter nicht einen fernen, überweltlich thronenden Gott. Vielmehr erzählt diese Musik von dem Gott, der uns Menschen nahe ist. Der sich nicht zu schade ist, sich selbst dieser Welt zu schenken – in seiner Schöpfung, in seinem Sohn und zuletzt in seinem Geist, von dem diese inspirierende Musik so herrlich kündet.

Am Anfang also Gottes Tat, seine Liebe zu uns Menschen. Dann aber hörten wir im zweiten und dritten Satz, wie wir Antwort geben dürfen auf diese Liebe. In ruhigen Akkorden begleiteten die Streicher die Worte: Wir beten zu dem Tempel an, da Gottes Ehre wohnt. Unsere Antwort auf die Treue Gottes ist also das Gebet. Wir rufen nicht ins Leere, wir haben eine Adresse zum Danken, Loben und Bitten.

Wie tröstlich, dass da auch von unserer Schwachheit und unserem Versagen die Rede war: Muss gleich der schwache Mund von seinen Wundern lallen, so kann ein schlechtes Lob ihm dennoch wohlgefallen. Das Bild vom schwachen Mund, von unserem Reden und Singen, das eher dem Lallen eines Kindes gleicht, und vom schlechten Lob macht deutlich, wie wenig wir bei aller Anstrengung dem zu entsprechen vermögen, was Gott immer schon für uns getan hat: Wir bleiben ihm so viel Dank und Lob und so viel verantwortliche Taten schuldig. Und er nimmt es dennoch an, er lässt es sich wohlgefallen.

Bach hat diesen Text gleich zweimal vertont und in langen Koloraturketten unsere Schwachheit und unser Lallen gemalt. In der Kadenz folgt dann Gottes Antwort, sein Wohlgefallen. In Christus – sagt Bach – hat Gott das, was wir nicht zustande bringen, gnädig vollendet. Bachs Predigt prägt es uns unvergesslich ein: Unser Gott ist ein barmherziger, ein vergebender Gott. Er will nicht unsere Perfektion. Er will unser Vertrauen wie das eines Kindes, das sich ganz verlässt auf die Liebe, die es empfängt.

Darum, liebe Gemeinde, das Kindliche in dieser Musik, die überwältigende Schlichtheit der zweiten Arie, die wir eben gehört haben – dem Gebet in der Mitte der Kantate: Höchster, mache deine Güte ferner alle Morgen neu. Diese Anrufung Gottes erklang über einem langen Bass-Ostinato, einer schier endlosen Tonleiterlinie, die, wenn sie nicht aus spieltechnischen Gründen mehrfach umgebrochen wäre, in ihrer gesamten Erstreckung fast drei Oktaven umfasste: So malt die Musik in diesem Zeichen des dreieinigen Gottes seine Treue, macht sie im Klang erlebbar als beständig, eben „ostinat", d. h. alle Morgen neu. Kann man das tröstliche Bibelwort aus dem biblischen Buch der Klagelieder (3,22 f.) schöner auslegen, als Bach es hier tut: Die Güte des Herrn ist, dass wir nicht gar aus sind, und seine Barmherzigkeit hat noch kein Ende, sondern sie ist alle Morgen neu?

Auf solche Vatertreue dürfen wir antworten, sagt und singt Bach, durch ein dankbares Gemüt: Dankbarkeit ist also der rechte Grundimpuls für unser Leben. Dankbarkeit – dass nichts einfach selbstverständlich ist. Alles, was wir haben, ist Geschenk. Und wer dankbar lebt, erstattet von dem, was er an Gutem erfährt, dem Geber zurück: Bach nennt das ein frommes Leben führen. Gemeint ist ein verantwortliches Leben, ein Leben vor Gott, das aus Dankbarkeit Früchte bringt auch in guten Werken der Solidarität und der

Liebe zum Nächsten. Das wäre ein guter Basso ostinato für unser Leben.

Und doch steht am Ende der Gebetsarie nicht der Appell, sondern die Verheißung und frohe Botschaft. Denn warum können wir so dankbar und fromm leben? Doch nur aus dem einen Grund, dass Gott uns würdigt, seine Kinder zu sein: dass wir deine Kinder heißen. Das, liebe Gemeinde, dieser Satz und seine Vertonung, ist die Mitte der Arie und das Zentrum der Kantate, die Botschaft von Pfingsten.

Erinnern sie sich? Eben sang die Sopranistin auf das Wort „Kinder heißen" eine lange Koloratur, die längste in dieser so koloraturenreichen Kantate: 50 Töne, wenn man nachzählt, singt sie auf das Wort *heißen*! Und Bach hat gezählt: In der Symbolik der Zahlen, wie Bach und seine Zeit sie kannte, bezeichnet die Zahl 50 Pfingsten. Pfingsten, das ist: Pentekoste auf Griechisch und heißt 50, der 50. Tag nach Ostern. Was Pfingsten bedeutet, das erfahren wir hier in dieser Musik: Wir dürfen Gottes Kinder heißen. Dazu schenkt Gott uns seinen Geist und seine inspirierende Kraft.

Kind zu sein, Gottes Kind – das ist alles andere als eine fromme Floskel. Das meint schon gar nicht romantische Verklärung des Kindseins, „O selig, o selig ein Kind noch zu sein". Das meint: Wenn ich Kind dieses Vaters bin, dann bin ich nicht allein. Ich habe meinen Vater und habe meine Geschwister, die Mitmenschen, die mit mir in Gottes Kindschaft stehen. Gottes Kind zu sein wehrt also allem Egoismus, weist mein Ich an das Du, lädt ein zu Liebe und zum solidarischen Handeln.

Leben wie ein Kind in Vertrauen und Liebe zu den Geschwistern – jetzt, liebe Gemeinde, verstehen wir auch, warum Bachs Kantate nicht für einen perfekten Opernsopran, sondern eher für ein Kind, einen Knaben, eine gewiss nicht perfekte Thomanerstimme bestimmt war. Das schwache Lallen, die schlichte Freude des Kindes, das sich alles schenken lässt und darauf antwortet mit dankbarer Freude – darauf läuft alles hinaus in dieser Kantate: Seht, welch eine Liebe hat uns der Vater erwiesen, dass wir Gottes Kinder heißen – und wir sind es auch (1Joh 3,1). Gott ist bei den Schwachen, auch bei den musikalisch alles andere als Perfekten, wie wir alle es sind. Denn das schönste Lob Gottes, das in dieser Welt erklingt, ist jenes, von dem der Psalmbeter sagt: Aus dem Munde der jungen Kinder und Säuglinge hast du, Gott, eine Macht zubereitet (Ps 8,3).

Nach diesem Höhepunkt unserer Kantate, liebe Gemeinde, werden wir nun gleich als Abschluss von Bachs Predigt den Schlusschoral hören. Hier in der Solokantate wird er nicht vom Chor gesungen, sondern wieder vom Solosopran, von unserer Solistin in der Vertretung für den Thomanerjungen und somit für uns alle als Kinder Gottes: Sei Lob und Preis mit Ehren Gott Vater, Sohn, Heiligem Geist. Auch in dieser Musik zur letzten Strophe des Liedes „Nun lob mein Seel den Herrn" geht es ganz pfingstlich zu. Wir werden es gleich hören: Die Begleitung des Chorals übernehmen drei Instrumente: ein Trio bestehend aus zwei Violinen und Bass. Wieder steht die Dreizahl für das Wirken des dreieinigen Gottes und den pfingstlichen Geist, der diese Welt durchweht.

Aus diesem Geist, der die Choralmelodie so wunderbar umrankt und umwebt, speist sich am Ende das Vertrauen, dass diese Welt, so schlimm es mit ihr steht, nicht vor die Hunde geht. So wird es gleich die Solistin singen: Amen, wir werden's erlangen, glauben wir zu aller Stund. Das sind die letzten Worte dieser Kantate. Und das heißt doch: Die Zukunft ist nicht ungewiss, diese Welt am Ende nicht der Vernichtung preisgegeben. Am Ende stehen nicht Katastrophe und Untergang, sondern die Einlösung der pfingstlichen Verheißung Gottes: Wir werden's erlangen, was er uns verheißen hat – seinen Frieden und seine Gnade in einer Welt, in der Leid und Geschrei und Schmerz und auch der Tod nicht mehr sein werden. Das dürfen wir glauben mit kindlichem Vertrauen zu aller Stund.

Und so bleibt am Schluss von Bachs Pfingstpredigt, liebe Gemeinde, nur noch das allerletzte Wort zu sagen: jenes Wort, das in der Bibel viele hundert Male vorkommt, nicht nur in den Psalmen, das Wort Halleluja – Gelobt sei Gott! Wenn man nachzählt: 24-mal wird es von der Sopranistin gesungen – und das meint alle Stunden, alle Tage, alle Zeit: Alleluja. 24-mal dies eine Wort, in dem das ganze Evangelium zusammengefasst ist, und das in der Form einer Fuge: Alle Instrumente setzen nacheinander mit dem Thema und stimmen mit der Menschenstimme in dies universale Gotteslob ein.

Jauchzet Gott in allen Landen. Damit begann die Kantate und damit endet sie wieder – auch musikalisch. Denn der Dreiklang, das Gottessymbol, mit dem die Kantate begann, dominiert am Ende auch in der Musik. Ein letztes Mal muss die Trompete, muss die Solistin im C-Dur-Dreiklang aufsteigen bis zum hohen C. Und die Trompete bläst noch einmal ihr Fanfarenthema aus dem Eingangssatz. Und dann endet die Musik pfingstlich begeisternd im universalen Jubel, im Frohlocken und in kindlich-pfingstlicher Freude, hört einfach auf und lässt es doch in uns lange nachklingen, dies *Alleluja! Jauchzet Gott in allen Landen!*

Gott schenke, dass Bachs Pfingstpredigt uns so in Bewegung setzt mit Herzen, Mund und Händen. Amen.

Kantate 2. Teil

4. Choral	*Sei Lob und Preis mit Ehren*
Violino I/II,	*Gott Vater, Sohn, Heiligem Geist!*
Continuo	*Der woll in uns vermehren,*
	Was er uns aus Gnaden verheißt,
	Dass wir ihm fest vertrauen,
	Gänzlich uns lass'n auf ihn,
	Von Herzen auf ihn bauen,
	Dass uns'r Herz, Mut und Sinn
	Ihm festiglich anhangen;
	Drauf singen wir zur Stund:
	Amen, wir werdn's erlangen,
	Glaub'n wir zu aller Stund.

5. *Aria*   *Alleluja!*
Tromba,
Violino I/II,
Viola, Continuo

Dr. theol. Hans-Detlef Hoffmann, Herford, Jahrgang 1947, bis 2010 Theologischer Vizepräsident der Evangelischen Kirche von Westfalen.

MANFRED KOCK

„Barmherzigkeit empfangen – Gnade finden"
Über den Predigttext Hebr 4,14-16

„Gott loben – mit Herzen, Mund und Händen": Die Predigtreihe in der St. Vinzentius-Kirche will den ganzen Menschen zum Gotteslob locken. Ob das an diesem ersten Sonntag der Passionszeit und mit dem Bibelabschnitt aus dem Hebräerbrief gelingen kann, wo wir uns einstellen auf die Leidensgeschichte Jesu? Und ob davon das Gotteslob entzündet wird?

Hebr 4,14-16

Weil wir denn einen großen Hohenpriester haben, Jesus, den Sohn Gottes, der die Himmel durchschritten hat, so lasst uns festhalten an dem Bekenntnis.
Denn wir haben nicht einen Hohenpriester, der nicht könnte mit leiden mit unserer Schwachheit, sondern der versucht worden ist in allem wie wir, doch ohne Sünde.
Darum lasst uns hinzutreten mit Zuversicht zu dem Thron der Gnade, damit wir Barmherzigkeit empfangen und Gnade finden zu der Zeit, wenn wir Hilfe nötig haben.

Die Sprache wirkt ein wenig abgehoben. Von Jesus ist die Rede als *dem großen Hohenpriester, der die Himmel durchschritten hat* und vom *Thron der Gnade,* vor dem *wir Barmherzigkeit empfangen und Gnade finden.* Kann solche Sprache unser Herz erfüllen und unseren Mund zum Lobpreis reizen? Und vor allem – erreicht das unsere Hände, mit denen wir als von Gott Erfüllte das Leben gestalten in Liebe und Engagement für die Menschen unserer Zeit? Gewiss, wer noch fest in christlicher Tradition steht, dem mag solche Sprache vertraut sein. Aber sie immer wieder zu hören und einfach zu wiederholen, kann langweilen. Viele Menschen aber sind fern von dieser Tradition. Und oft treten im Laufe des Lebens Krisen auf, die lang vertraute Glaubenssätze ins Wanken bringen können. – Nun, vielleicht können die Gedanken gerade dieses Briefes alte Sätze neu erschließen. Sie sind von einem Unbekannten geschrieben und wollen Hoffnung wecken und den Glauben stärken.

Der Brief an die Hebräer spiegelt wider, wie es schon in der ersten Christenheit Resignation gab und Abkehr vom Glauben. Müde, hoffnungslos, verzweifelt waren die Menschen. Die anfängliche Begeisterung war abgeflaut. Darum ist Trost nötig, und der unbekannte Briefschreiber erinnert an die Grundlage der Botschaft Jesu: *Lasst uns festhalten an dem Bekenntnis ... damit ihr nicht matt werdet und den Mut nicht sinken lasst.* (Hebr 12,3) Christenmenschen sind unterwegs. Das „wandernde Gottesvolk" (so heißt die Kirche im Hebräerbrief) braucht Raststätten auf dem Weg durch die Zeit. *Es ist noch eine Ruhe vorhanden,* davon ist der Briefschreiber überzeugt. Wir brauchen immer wieder Orte der Ruhe, gerade wir gehetzten Menschen. Wie wohltuend ist schon eine kleine Zeit der Stille in einer Kirche bei einem anstrengenden Einkauf! Wie hilfreich ist das Durchatmen bei anstrengender Arbeit; wie wichtig sind die Pausen im Alltag der Schule! Wir brauchen Ruhe für heute und morgen, eine Heimat für den Übergang, damit wir es aushalten bis zur endgültigen Heimat bei Gott.

Mit Gott unterwegs sein – das zu wissen, ist nötig für die Erneuerung unserer Kirche auch heute. Bei den Äußerlichkeiten ist das klar. Die Gebäude der Gemeinde brauchen neuen Anstrich, hin und wieder; Fenster und Orgel, Möbel und Leuchten brauchen ab und zu Renovierung. Gerade die für diese wunderschöne alte Kirche Verantwortlichen wissen, wie wichtig und wie anstrengend es ist, dafür die erforderlichen Mittel zusammenzubekommen. Und wenn wieder ein solcher Abschnitt gelungen ist, herrscht große Freude. Es wird das Loblied gesungen.

Aber die eigentliche Erneuerung ist die in unseren Herzen. Lasst uns ablegen, was uns beschwert, die Sünde, die uns täglich umstrickt. Jede und jeder von uns überall in unserer evangelischen Kirche braucht den neuen Anfang immer wieder. Einen „Kampf" nennt der Hebräerbrief unseren Weg durch die Zeit. Einen Kampf, in dem man wohl ermüden kann. Aber man kann ihn bestehen mit Geduld und Ausdauer. Gerade die große Gleichgültigkeit gegenüber der Botschaft Christi braucht die Gewissheit des Hebräerbriefes in unserer Zeit, *da wir Hilfe nötig haben.* Wir müssen unseren Weg nicht alleine gehen, da ist Jesus selbst, der *Anfänger und Vollender des Glaubens.*

1. Kraftquelle ist Jesus, der Anfänger und Vollender des Glaubens

Der Ewige lässt sich von seinen Boten in die Zeit hinein verkündigen. So ist es bis auf diesen Tag, in jedem Gottesdienst, in jedem tröstenden oder aufrüttelnden Gotteswort, in jeder helfenden Tat der Liebe. Darum: *Gott loben mit Herzen, Mund und Händen* – im Alltag unseres Lebens und eben hier in dieser Kirche. Nicht immer ist sie voll. Aber auch, wenn sich nur wenige einfinden, ist es ein Zeichen für unsere ganze Gesellschaft. Hier wird die entscheidende Botschaft gesagt: Wir leben nicht aus eigenen Kräften, sondern von dem, was Gott uns schenkt.

Gott bindet sich an unsere Orte. Der Ewige kommt in die Zeit in seinem Wort und seinem Sakrament. Das Licht kommt in die Dunkelheit. Die ewige Liebe hat Hand und Fuß und ein Gesicht: Es ist der Mann am Kreuz, der Lebendige, Jesus Christus, gestern, heute und derselbe in Ewigkeit.

Wir haben Christus, den einen großen Hohenpriester, so beginnt der Abschnitt. Im alttestamentlichen Tempelkult ist der Hohepriester der Einzige, der das Allerheiligste betreten darf, den Ort der besonderen Gottesgegenwart. Er vollzieht das Versöhnungsopfer, welches das Verhältnis von Mensch und Gott in Ordnung bringt. Aber seit Jesus ist kein Priester mehr nötig. Denn Jesus im Bild des Hohenpriesters hat uns das Entscheidende hinterlassen: Ein für alle Mal sind wir mit Gott versöhnt. Mit seinem Tod am Kreuz zerreißt der Vorhang im Tempel und der Zugang jedes Menschen zu Gott ist frei, weil Gott selbst die Brücke zu uns hin gebaut hat. Keine anderen Priester sind mehr nötig. Eben darum hat die Reformation alle Getauften als Priester bezeichnet. Denn der Zugang zu Gott steht allen frei. Auch wenn in Schwesterkirchen die Gottesdienste von ‚Priestern' geleitet werden, sie sind es nicht in jenem Sinn, dass sie ein Opfer brächten, um den Zugang zu Gott herzustellen.

Es trat einer ein für die verfolgte und gequälte Menschheit mit ihrer abgründigen Schuld. Ein für alle Mal. An diesem Bekenntnis lasst uns festhalten.

2. Es ist der Gekreuzigte, der zur Rechten Gottes sitzt

Christus ist beides, der Hohepriester und zugleich das Opfer. Er wollte *mit leiden mit unserer Schwachheit*, er ist versucht worden *in allem wie wir*. Hier vollzieht sich nicht nur das Ende des Opferkultes. Sein Weg zum Kreuz ist beides, der Schmerzensweg nach Golgatha und der Siegesweg durch alle Himmel. Der *Gekreuzigte* sitzt zur Rechten Gottes.

Das Kreuz als Zeichen des Heils ist immer schon abgewehrt worden. Philosophische, psychologische und feministische Kritik hat mit unterschiedlichen Argumenten gegen die Opfer- und Sühnevorstellung und das darin zum Ausdruck kommende Schuldverständnis argumentiert. Ein zorniger Gott, so sagt man, der sich durch die Opferung seines eigenen Sohnes besänftigen lässt, erscheine als besonders grausam. Es ist aber nicht der Sohn, der dem Vater geopfert wird, sondern Gott begibt sich selbst an die Stelle der leidenden Menschen. Das Niedrige wird erhöht, weil Gott es erwählt. Das ist in den Augen der Welt Torheit, ein Makel des christlichen Glaubens, ein Skandalon, ein Ärgernis, wie der Apostel Paulus sagt. Für ihn ist das Kreuz göttliche Weisheit und Gegenstand des Rühmens. Und in dieser Tradition steht der Hebräerbrief. Der Tod Jesu am Kreuz wird nicht nur als ein geschichtlicher Vorgang beschrieben, sondern er bleibt bedeutend für das Heil der Welt. Diese Botschaft bleibt anstößig. Der Mann am Kreuz steht für den Gott, der Mitleidender mit den Leidenden ist. Er ist der Gott des Rechtes, und sein Recht ist parteilich. Das Zeugnis der Heiligen Schrift und eben auch dieses Abschnitts aus dem Brief an die Hebräer steht gegen unsere normalen Bedürfnisse nach Ruhe, nach unbeschwerter Jugendlichkeit und Leidfreiheit. Ihre stärkende Kraft hat Jesu Botschaft durch die Verheißung eines überzeitlichen Zieles. Dieses glaubend zu ergreifen, bewahrt nicht vor dem Leid in dieser Welt, sondern lädt ein, das Kreuz anzunehmen. In der Botschaft vom Kreuz liegt das Unternehmensziel der Kirche, wie man manchmal heute sagt. Alle Teilziele sind darauf bezogen.

Heute möchte man das Kreuz nicht nur aus Gerichtssälen und Schulen entfernt haben. Auch in Kirchen ist es manchen nicht passend. Es sei das Symbol einer Henkerstheologie. Wer aber zur Verdrängung des Kreuzes rät, verdirbt den Grund der Botschaft. Er raubt den Leidenden ihre Hoffnung. Denn das Kreuz zeigt die Nähe Gottes zu ihrem Leid. Das Kreuz Jesu ist nicht im Dunkeln versunken wie die vielen anderen Kreuze. Es wurde das zentrale Symbol der Christenheit. Der Gekreuzigte ist der Auferstandene. Darum ist sein Kreuz nicht Scheitern und Katastrophe. Gescheitert ist der menschliche Traum von der eigenen Erlösung. Lebendig ist die Kraft der Liebe. Wo sich die Liebe einmischt in die Not der Welt, da ist das Kreuz Jesu lebendig.

3. Barmherzigkeit empfangen, wenn Hilfe nötig ist

Die Anleihen an die Sprache des Tempelkultes sind typisch für den Hebräerbrief. Das macht es für uns heute etwas schwierig, die Gedanken zu verstehen. *Lasst uns hinzutreten mit Zuversicht zum Gnadenthron.* Mit einem solchen Tempelbild ist beschrieben, um was es geht: Gnadenthron – das ist die Bundeslade, symbolisch der Ort der intensivsten Gegenwart Gottes. Erbarmen und Heil werden hier reale Gegenwart. Dieser Gegenwart müssen sich Glaubende nicht mehr ängstlich und scheu nähern, sondern mit Zuversicht, aufrecht und erhobenen Hauptes. Der Geber des Opfers und die Gabe zugleich sind hier bildhaft vorgestellt. Uns Heutigen ist diese

Bildsprache fremd. Uns begegnet das Heil im Wort Gottes. Luther drückt es so aus: *Gottes Wort ist ein glühender Backofen voller Liebe.* Bei der ersten Versuchung soll Jesus Steine in Brot verwandeln. Wir haben es eben im Evangelium des Sonntags gehört. Dieser Verlockung, materielle Bedürfnisse zu befriedigen, ist Jesus nicht erlegen. *Der Mensch lebt nicht vom Brot allein, sondern von einem jeglichen Wort Gottes.*

Das Wort Gottes ist lebendig, kräftig und schärfer als ein zweischneidiges Schwert, heißt es im Hebräerbrief in den vorhergehenden Versen. Das Wort ist der Schatz, der das göttliche Erbarmen verspricht. Es dringt durch den Nebel unserer menschlichen Gedanken und Sprüche. Es will Klarheit bringen in die irritierende Sprache der öffentlichen Zuversicht. Wer war nicht schon einmal verwirrt von Stellungnahmen und Kundgebungen zu den Fragen unserer Zeit? Ich meine die politischen und auch die kirchlichen. Wie wichtig wäre es doch, wenn angesichts der Arbeitslosen im Land und der Hungernden in vielen Ländern Klartext gesprochen würde! Wen stört es nicht, wenn in den Auseinandersetzungen um Frieden und Gerechtigkeit alles im Allgemeinen bleibt, damit niemand sich verletzt fühlt! Wie aufgeregt war die Reaktion, als unsere EKD-Ratsvorsitzende Bischöfin Margot Käßmann am Neujahrstag aussprach, was von vielen ständig verdrängt wird: „Nichts ist gut in Afghanistan." Natürlich gibt es auch in Afghanistan Gutes, es gibt Aufbaubemühungen, es gibt um Schutz bemühte Soldaten. Das hat die Bischöfin nicht bestreiten wollen. Doch wenn man sich fürs Neue Jahr alles Gute wünscht, wird sie wohl sagen dürfen: Nichts ist gut in Afghanistan. Aber offenbar erwartet man in der Welt der Kommuniqués nichts, was nachdenklich macht. Die aufgeregten Reaktionen mancher Politiker und Journalisten nach der Neujahrspredigt beweisen das. Freilich ist wohl zu beachten: Die Welt und ihre Leiden sind kompliziert. Steile Schlagworte bewirken meistens nichts. Aber die Predigt von Frau Käßmann gab den Anstoß, die Verhältnisse und Zustände zu analysieren und zu benennen, unter denen die Menschen leiden.

Da wird nichts barmherzig verdeckt. Gottes Barmherzigkeit kehrt nichts unter den Teppich. Die Leidenden bekommen es zugesagt: Es wird Gerechtigkeit geben! Es wird Ausgleich kommen! Auch wenn viele Täter – Quäler und Töter und Steuerhinterzieher und Betrüger – von weltlicher Gerechtigkeit nicht erreicht werden: Es wird Gerechtigkeit geben. Dieser Text hält die Hoffnung wach. Es wird Ausgleich geben. Ein Backofen voller Liebe, damit kann die Kirche aufbrechen zu neuen Wegen. Da wird kein alter Mythos zelebriert, sondern das Bekenntnis der Gemeinde wird in Erinnerung gebracht. Uns hängt das Lebensschicksal, unser ererbtes und erworbenes Menschenschicksal, nicht wie ein Mühlstein um den Hals. Auch unsere Ratlosigkeit und unser Versagen nicht. Wir sind geliebt und frei. Wir sind erlöst. Darum können wir aufrecht gehen. Und darum können wir „Gott loben – mit Herzen, Mund und Händen"! Amen.

Manfred Kock, Köln, Jahrgang 1936,
ehemaliger Ratsvorsitzender der EKD,
ehemaliger Präses der Evangelischen Kirche
im Rheinland.

NORBERT LAMMERT

„‚Geeint – geteilt':
Von der Verantwortung des Christen in der Welt"

Liebe Brüder und Schwestern,

Advent, das bedeutet Ankunft. Im kirchlichen Jahreskreis beginnt mit dem ersten Adventssonntag die Vorbereitung auf die Feier der Ankunft des Herrn. In dem einzigen Gebet, das Jesus uns selbst gegeben hat, heißt es „adveniat regnum tuum: Dein Reich komme". Das ist die Bitte an unseren Vater um Ankunft eines Reiches, das nicht von dieser Welt ist. „Siehe, es kommt die Zeit", haben wir gerade in der Lesung aus dem Buch Jeremia gehört. Da soll „ein König sein, der wohl regieren und Recht und Gerechtigkeit im Lande üben wird." Wir Christen sind als Bürger des Reiches Gottes zugleich Bürger dieser Welt. Wir tragen deshalb eine doppelte Verantwortung. Für die Welt, in der wir leben, und für die Veränderung der Verhältnisse, die Recht und Gerechtigkeit in unserem Lande und überall in der Welt errichten. „Siehe, es kommt die Zeit." Wann kommt die Zeit? Und wie kommt sie? Durch geduldiges Warten, durch ehrgeiziges Handeln, durch Beten, durch Hoffen, durch Glauben?

Vor wenigen Wochen haben wir ein Ereignis gefeiert, das eine der größten und weitreichendsten Veränderungen darstellt, die wir in der Geschichte unseres Landes je erlebt haben: die Wiederherstellung der deutschen Einheit. Ein Ereignis, auf das viele gehofft haben, aber an das kaum jemand noch geglaubt hat. Die meisten, die an dieser Veränderung ganz unmittelbar beteiligt waren, haben sie damals wie ein Wunder empfunden. Und manche empfinden heute noch so. Aber ein Wunder war sie natürlich nicht, auch kein Naturereignis. Sie war die Folge einer friedlichen Revolution, beispiellos, nicht nur in der deutschen, sondern auch in der europäischen Geschichte. Eine Revolution, die ohne Gewalt nicht nur ihre selbstgesetzten Ziele erreichte, sondern am Ende diese Ziele sogar noch überboten hat. Es war, glaube ich, kein Zufall, dass diese Revolution ihre Basislager nicht in Vereinen und Verbänden hatte, übrigens auch nicht in Universitäten – sondern in Kirchen. Es waren die Nikolaikirche in Leipzig, die Gethsemanekirche in Berlin, wo sich Christen aller Konfessionen in immer regelmäßigeren, in immer kürzeren Abständen getroffen haben, gemeinsam gebetet haben, Fürbitte gehalten haben, wo sie gemeinsam die Kraft gefunden haben zum friedlichen Aufstand. Und von dort sind die Demonstrationen ausgegangen, die das Land verändert haben. „Wir sind das Volk." Das ist die knappste, prägnanteste Fassung des Prinzips der Volkssouveränität, das dem Grundgedanken von Recht und Gerechtigkeit folgt.

Liebe Brüder und Schwestern, historische Daten markieren Ereignisse, die wir als Zäsur empfinden, als grundlegende Veränderung der vertrauten Verhältnisse. Tatsächlich haben diese historischen Ereignisse Ursachen und Folgen, die weit über die Daten hinausweisen, die fast immer viel früher begonnen haben und oft erst viel später wirksam geworden sind. Das sogenannte „Dritte Reich" zum Beispiel, ein Reich, das ganz gewiss weder durch Recht noch durch Gerechtigkeit gekennzeichnet war, das „Dritte Reich" ist nicht am 30. Januar 1933 errichtet worden, sondern in den Wochen und Monaten danach. Der Nationalsozialismus in Deutschland ist nicht von einem Tag auf den anderen wie eine Seuche ausgebrochen. Die Weimarer Republik ist nicht erst in den letzten freien Wahlen gescheitert. Ohne den 7. Oktober 1989, den Tag der großen Montagsdemonstration in Leipzig, gäbe es den 9. November nicht, den Fall der Mauer in Berlin. Beide Ereignisse, beide Daten, waren Voraussetzung für den 3. Oktober 1990, den Tag der Wiederherstellung der staatlichen Einheit Deutschlands. Geteilt – geeint: Die Teilung Deutschlands und Europas war nicht göttlicher, sondern menschlicher Wille. Und die Überwindung dieser Teilung auch. Auch wenn wir dem Herrgott danken müssen für den Mut der Menschen, die für ihre Freiheit und Selbstbestimmung gekämpft haben, und für die Einsicht anderer, die sich diesem unwiderstehlichen Veränderungswillen schließlich nicht länger mit Gewalt widersetzt haben. Wenn es für diese wundersame Veränderung überhaupt ein Datum gibt, mit dem sich der Beginn eines langen Weges markieren lässt, dann ist dies für mich der 17. Juni 1953. Damals haben die Menschen zum ersten Mal, wenn auch vergeblich, Freiheit und Selbstbestimmung für sich deklariert. So wie die Menschen in Ungarn 1956. Und in der Tschechoslowakei – die es damals noch gab – 1968. Und in Polen 1980. All diese Aufstände sind mit Gewalt niedergeschlagen worden. Der Triumph der Freiheit ist gewachsen aus einer Serie von Niederlagen. Und er konnte nur wachsen, weil die Menschen sich geweigert haben, die gewaltsame Verweigerung eines Reiches von Recht und Gerechtigkeit als letztes Wort der Geschichte hinzunehmen.

Inzwischen ist eine Generation herangewachsen – ich nenne sie gerne „Generation 21" –, das sind die jungen Frauen und jungen Männer, die 1989/90 geboren sind und in ihrem Leben nie andere Verhältnisse kennengelernt haben als diese: ein freies, geeintes Land mit regelmäßigen Wahlen, ein funktionierender Rechtsstaat, ein zusammenwachsendes Europa, in dem überall die Menschen selbst darüber bestimmen können, von wem sie wie lange regiert sein wollen, Deutschland geeint, in Frieden und Freundschaft mit allen unseren Nachbarn. Und natürlich müssen die, die heute aufwachsen, diesen Zustand für selbstverständlich halten, weil sie nie einen anderen kennengelernt haben. Selbstverständlich ist er aber offenkundig nicht. Die Wahrheit ist: Glücklichere Verhältnisse hatten wir Deutsche in unserer Geschichte nie.

Liebe Brüder und Schwestern, in wenigen Jahren begehen wir einen weiteren großen Jahrestag einer bedeutenden spirituellen und politischen Veränderung in unserem Land, der Einheit und der Teilung, wenn wir an 500 Jahre Reformation erinnern. Auch die Reformation hat nicht am 31. Oktober 1517 begonnen. Und noch weniger war sie damals vollendet. Es ist im Übrigen, jedenfalls für mich und vielleicht auch für den Einen oder Anderen von Ihnen, eine mehr als reizvolle Spekulation, darüber nachzudenken, welche Thesen Martin Luther wohl heute an welche deutsche Kirchentür schlagen würde. Und ob er dafür eher den evangelischen Berliner Dom oder den katholischen Kölner Dom wählen würde. Sie sehen, die Einladung zu einer Gastpredigt ist für einen politisch engagierten Christen eine unwiderstehliche Versuchung; im Kulturhauptstadtjahr 2010 doppelt schön und doppelt riskant.

Ich habe in Martin Luthers Schriften gelesen: „Es gibt Leute, die ein Blatt oder zwei gelesen oder eine Predigt gehört haben und dann rips-raps hervorkommen und nichts anderes tun, als blindlings da reinfahren und die anderen mit ihrem Treiben bevormunden, als seien die nicht evangelisch. Dies habe ich niemals gelehrt und auch der Apostel Paulus hat es streng verboten. Sie tun es nur deswegen, damit sie etwas Neues hervorbringen und für gut lutherisch angesehen werden. Aber damit missbrauchen sie das Heilige Evangelium nach ihrem eigenen Gutdünken. Nicht so, du Narr" – immer noch Luther – „lass es dir gesagt sein. Zum ersten bitte ich, meinen Namen zu verschweigen und sich nicht ‚lutherisch', sondern ‚Christen' zu nennen. Also liebe Freunde, lasst uns solche parteiischen Namen tilgen und uns ‚Christen' nennen, nach dem, wessen Lehre wir haben".

Damals, vor 500 Jahren, war die Kirche bei allem äußerlichen Glanz innerlich weit vom Geist des Evangeliums abgekommen. Mit dem Reich Gottes hatte sie offenkundig wenig Ähnlichkeit. Nachdem Luther 1517 zunächst nur Thesen zum Ablasswesen verbreitet hatte, forderte er im folgenden Jahr die Einberufung eines allgemeinen Konzils, das sämtliche Streitfragen erörtern und die Kirche grundlegend reformieren sollte. Wären der damalige Papst und die Bischöfe auf diese Forderung eingegangen, wären die Missstände womöglich schnell beseitigt worden und es wäre nicht zur Spaltung der Kirche gekommen. Tatsächlich wurden die Anliegen vom damaligen Papst Leo X. zurückgewiesen, Luther wurde zum Widerspruch aufgefordert. Nachdem dieser nun wiederum den Papst

1520 als „Antichristen" bezeichnet hatte und das päpstliche Schreiben zusammen gleich mit dem kirchlichen Gesetzbuch öffentlich verbrannt hatte, wurde Luther 1521 aus der Kirche ausgeschlossen. Vielleicht hätte sich das folgende Verhängnis für die Einheit der Kirche abwenden lassen, wenn der nachfolgende Papst, Hadrian VI., eine längere Amtszeit gehabt hätte. Er hat 1523, unmittelbar nach seinem Amtsantritt, sofortige Reformen versprochen, auf dem Nürnberger Reichstag ein eindringliches Schuldbekenntnis verlesen lassen: „Wir alle", so der damalige Papst, „Prälaten und Geistliche, sind vom rechten Weg abgewichen und es gab schon lange keinen einzigen, der Gutes tat." Hadrian starb aber noch im gleichen Jahr. Sein Nachfolger war ein „Hardliner", würde man heute sagen, „Fundamentalist", könnte man vielleicht auch sagen. So kam das Kirchenkonzil, das mehr als überfällig war, erst 1545 in Trient zusammen. Mit 18-jähriger Dauer wurde dieses Konzil das längste in der Kirchengeschichte. Es wurden im Übrigen bei diesem Konzil weitreichende Reformen angestoßen, viele der von Luther angeprangerten Missstände beseitigt und auch die von ihm aufgeworfenen theologischen Fragen gründlich, ausführlich diskutiert und zum Teil einvernehmlich entschieden. Für die Verhinderung der Spaltung der Christenheit war das alles zu spät. Gottes Werk – Menschenwerk.

Dass sich die Kirchenspaltung damals verfestigt hat, hatte keineswegs nur theologische Gründe. Es hatte auch handfeste politische Ursachen. Das Heilige Römische Reich Deutscher Nation bestand aus vielen Einzelterritorien. Es war kein zentraler Staat, „Deutschland" gab es damals nicht. Es war die Sammelbezeichnung für viele hundert kleine und kleinste Territorien, Herzogtümer, Fürstentümer. Der Kaiser als höchste Instanz im Reich wurde von Kurfürsten gewählt, musste ihnen aber dafür die Wahrung ihrer territorialen Rechte zugestehen. Das höchste gesetzgebende Organ des Reiches waren die so genannten Reichstage, die mit unseren heutigen Parlamenten fast nichts gemein hatten – außer, dass der Kaiser Gesetze, die im ganzen Reich gelten sollten, nicht alleine verabschieden konnte, sondern dafür die Zustimmung des Reichstages benötigte. In dem wiederum waren die Kurfürsten, der Hochadel im Reichsfürstenrat und die sogenannten Freien Reichsstädte stimmberechtigt vertreten. Die Teilung Deutschlands, die politische Teilung Deutschlands, war ein wesentlicher Faktor bei der Ausbreitung der Reformation und bei der Kirchenteilung. Aufgrund der fehlenden Zentralinstanz im Reich entschied sich das Schicksal der Reformation auf territorialer Ebene. Die Fürsten entschieden, welche Konfession in ihrem Reich zu gelten hatte. Dies führte endgültig zur konfessionellen Fragmentierung des Reiches. Die Einführung der Reformation lag – unabhängig von religiösen Überzeugungen – ausdrücklich im Interesse der einzelnen Landesfürsten, die sich dadurch von Kaiser und Papst gleichermaßen emanzipieren konnten. So war's. Geteilt wie geeint durch gemeinsames Bekenntnis, wieder geteilt, politisch und kirchlich. Menschenwerk.

In wenigen Jahren begehen wir den 500. Jahrestag der Reformation. Das ist nicht irgendein Jahrestag. Ich jedenfalls, als protestantisch veranlagter Katholik, empfinde das als die größte Herausforderung unserer Generation. Und mich treibt es zunehmend um, wie wir uns im Rahmen der Luther-Dekade auf den Weg machen, 500 Jahre Kirchenspaltung zu feiern, als handle es sich dabei um eine Errungenschaft. Konrad Raiser, der bis 2003 Generalsekretär des Ökumenischen Rates der Kirchen war, hat im vergangenen Jahr in Augsburg erklärt, die Trennung der Kirchen im Zuge der Reformation habe hier begonnen und sei von Deutschland aus in alle Welt übertragen worden. Es ist daher wichtig, dass auch der Prozess der Heilung dort ansetzt, wo die Trennung begonnen hat.

Liebe Brüder und Schwestern, das ist unsere gemeinsame Verantwortung: Jeder von uns muss die Frage beantworten, ob die Unterschiede, die es zweifellos gibt, die Aufrechterhaltung der Trennung rechtfertigen. Ich glaube das nicht. Schon gar nicht in der Welt des 21. Jahrhunderts, in der wir leben, bei einem hoffentlich halbwegs klaren Blick über vorrangige und nachrangige Anliegen, Aufgaben, Ärgernisse und Herausforderungen. Ich glaube im Übrigen auch nicht, dass wir die Bewältigung dieser Aufgabe allein den Kirchenleitungen überlassen dürfen. Dies ist die gemeinsame Verantwortung der Christen – aller Christen –, die wir gemeinsam anpacken müssen ‚mit Herzen, Mund und Händen'. Wir sind das Volk. Das Volk Gottes.

Prof. Dr. rer. soc. Norbert Lammert, Bochum/Berlin, Jahrgang 1948, Präsident des Deutschen Bundestages.

MICHAEL LUDWIG

„Bereitet dem Herrn den Weg!"
Über den Predigttext Lk 3,1-11.15 f.

Luk 3,1-11.15 f.
Es war im fünfzehnten Jahr der Regierung des Kaisers Tiberius; Pontius Pilatus war Statthalter von Judäa, Herodes Tetrarch von Galiläa, sein Bruder Philippus Tetrarch von Ituräa und Trachonitis, Lysanias Tetrarch von Abilene;
Hohepriester waren Hannas und Kajaphas. Da erging in der Wüste das Wort Gottes an Johannes, den Sohn des Zacharias.
Und er zog in die Gegend am Jordan und verkündigte dort überall Umkehr und Taufe zur Vergebung der Sünden.
So erfüllte sich, was im Buch der Reden des Propheten Jesaja steht: Eine Stimme ruft in der Wüste: / Bereitet dem Herrn den Weg! / Ebnet ihm die Straßen!
Jede Schlucht soll aufgefüllt werden, / jeder Berg und Hügel sich senken. Was krumm ist, soll gerade werden, / was uneben ist, soll zum ebenen Weg werden.
Und alle Menschen werden das Heil sehen, das von Gott kommt.
Das Volk zog in Scharen zu ihm hinaus, um sich von ihm taufen zu lassen. Er sagte zu ihnen: Ihr Schlangenbrut, wer hat euch denn gelehrt, dass ihr dem kommenden Gericht entkommen könnt?
Bringt Früchte hervor, die eure Umkehr zeigen, und fangt nicht an zu sagen: Wir haben ja Abraham zum Vater. Denn ich sage euch: Gott kann aus diesen Steinen Kinder Abrahams machen.
Da fragten ihn die Leute: Was sollen wir also tun? Er antwortete ihnen:
Wer zwei Gewänder hat, der gebe eines davon dem, der keines hat, und wer zu essen hat, der handle ebenso.
Das Volk war voll Erwartung und alle überlegten im Stillen, ob Johannes nicht vielleicht selbst der Messias sei.
Doch Johannes gab ihnen allen zur Antwort: Ich taufe euch nur mit

Wasser. Es kommt aber einer, der stärker ist als ich, und ich bin es nicht wert, ihm die Schuhe aufzuschnüren. Er wird euch mit dem Heiligen Geist und mit Feuer taufen.

Wenn wir dieses Evangelium hören – und wir „kennen" es ja alle –, müssen wir uns natürlich fragen: Wo stehen wir in dieser Geschichte? Wo steht jeder Einzelne, wenn er diese Worte hört? Wo stehe ich in meinem Leben als Christ, heute Morgen hier in der Kirche und überhaupt? Wo stehe ich in meiner Glaubensgeschichte und wie weit bin ich wirklich in adventlicher Erwartung? Hoffen wir alle, dass die Stresszeit der Vorbereitung von Weihnachten bald vorbei ist? Man hetzt ja gern von Besinnung zu Besinnung, nach dem Motto: „Wir müssen uns besinnen, aber wirklich zur Ruhe kommen wir nicht". Wenn wir dann überlegen, was Johannes uns da zumutet: aufzubrechen – wollen wir das eigentlich? Oder wollen wir nicht viel lieber zur Ruhe kommen? Lassen wir die Ereignisse dieser Welt wirklich an uns heran oder nutzen wir die Fernbedienung beim Fernsehen, um „wegzuzappen", wenn wir meinen, das ist zu nah, da wollen wir lieber etwas Schönes sehen und nicht die Not dieser Welt?

Damit stellt sich für mich auch ganz konkret die Frage: Sind wir in unseren Gemeinden in Erwartung dessen, was da kommt? Oder sind wir beschäftigt mit all den Aktivitäten, die es bei uns gibt? Wenn ich im Gemeindebrief lese, was hier alles los ist – und bei uns ist das ähnlich –, dann weiß ich gar nicht, wie man das alles hinbekommt. Zur Ruhe finden ist da ganz schwierig. Auch einen Aufbruch in den Kirchen zu spüren, ist dabei schwierig. Eher gibt es die Suche nach den Nächsten, die uns noch ehrenamtlich irgendwo unterstützen können, damit wir den normalen Betrieb am Laufen halten. Aufbruch in eine Zukunft, das ist zurzeit für uns eine ganz schwierige Sache, glaube ich. Wenn ich dazu noch bei diesem Bibeltext bedenke, dass Johannes ein Prediger ist, der sehr heftig predigt – „Ihr Schlangenbrut" –, und selbst heute Ähnliches sagen würde, dann, so vermute ich, würden Sie Ihrem Pfarrer sagen: „Lieber Bruder Hagmann, den brauchen Sie nicht mehr einzuladen; beleidigen lassen wollen wir uns nicht." Aber Johannes hat das gesagt. Und das Volk lässt es zu. Da müssen wir uns als Prediger heute fragen: Dürfen wir so etwas auch? Ich als katholischer Prediger muss mich heute fragen: Darf ich überhaupt von Sünde reden bei Ihnen, wo wir zumindest in der katholischen Kirche in diesem Jahr viele Skandale und Erschütterungen hatten? Was da alles hochgekommen ist! Wir zucken ja immer nur, nach dem Motto: „nicht schon wieder eine Schreckensmeldung". Wir haben genug. Ob es Missbrauch war, Enthüllung, und was es sonst noch alles gab; da aufzurufen, über Sünden zu reden? Und wenn ich als Vertreter der katholischen Kirche das tue, dann sagen oder denken Sie: „Der ist doch auch einer von diesen *Verrätern!* Sie müssen doch erst mal den Mund halten, bevor Sie uns etwas vorhalten." Und wenn ich sagen würde, dass ich das auch nicht gewusst habe, entschuldigt das nicht die Institution, deren Repräsentant ich bin.

Und das gilt sicherlich grundsätzlich, wenn wir über Kirche reden. Müssten wir dann nicht ganz, ganz vorsichtig sein? Nicht so wie Johannes, ganz scharf und forschend? Damit stellt sich noch eine weitere Frage: Was sind denn Sünden dieser Welt, die wir vielleicht als Christen benennen könnten? Haben wir das Recht, anderen Sünden vorzuhalten, wo wir selber merken, dass wir auf Gnade angewiesen sind? Das, was früher klassische Sünden waren, wird heute anders beurteilt. Umweltsünden werden bestraft, Steuersünden werden heute bestraft, Verkehrssünden werden bestraft – bloß keiner beichtet mehr persönliche Sünden in der Kirche. Wenn man bei einem solchen Vergehen erwischt wurde, hat man Pech gehabt. Aber Sünde im klassischen kirchlichen Sinne? Es stellt sich wieder eine neue Frage: Dieser Johannes, lässt er sich von daher überhaupt in ein Schema bringen, was zu unserer Kirche passt? Würden Sie den als Prediger einladen wollen, wenn Sie das alles von ihm gehört haben? Der würde Ihnen den ganzen Advent vermiesen mit dem, was er damals am Jordan gesagt hat. Dann gehen wir doch lieber viel schneller über zu Jesus, nach dem Motto: Da hören wir doch lieber ihn, der hat nämlich eine frohe Botschaft, der liebt die Kinder, die Menschen, der heilt und so weiter. Johannes – okay – der war Vorläufer, aber schnell weg, wir wollen ja zum „Chef" selber kommen.

Wenn wir diese Gedanken noch einmal reflektieren, wird deutlich: Dieser Text ist relativ weit weg von uns, wenn wir ihn so auf uns übertragen wollen. Dennoch war er ganz konkret und die lange Einheit im heutigen Lukasevangelium zeigt: Bei der Auflistung all der scheinbar wichtigen Leute, die da am Jordan bei Johannes waren, war es eine ganz konkrete und auch politische Situation, in die hinein er und letztendlich auch Gott gewirkt hat. Das war nicht irgendwo auf der grünen Wiese, das war im Wüstensand am Jordan. Es war sogar – wer schon mal in Israel war, der weiß das – jenseits des Jordans in Jordanien. Die meisten biblischen Reisen führen ja nach Galiläa an den Jordan, dort im Norden gehen auch alle Baptisten schön in das kalte Wasser des Flusses, in der Hoffnung, das war die Taufstelle. Historisch gesehen hat man vor zehn Jahren die echte Jordantaufstelle in Jordanien in der Nähe von Jericho entdeckt, jenseits des Jordans. Der Ort war nicht zufällig so gewählt von Johannes, sondern er hat etwas aufgenommen, das urbiblisch war. Er knüpfte an die Erfahrung des Volkes Israel an. Sie kamen ja aus der Wüste jenseits des Jordans, um ins Gelobte Land zu gehen. So wollte Johannes diese Wüsten- und Jordanerfahrung aktualisieren nach dem Motto: Ihr müsst vieles hinter euch lassen, um ins Gelobte Land zu kommen. Das Volk Israel hatte 40 Jahre Wüstenerfahrung erlebt, stand nun am Jordan mit dem geistlichen Führer Mose. Der wird nicht mit hinüberkommen, denn er hatte vorab sündig gehandelt und als Strafe von Gott gesagt bekommen: „Du kommst nicht ins Gelobte Land." Er gibt also am Jordan sein geistliches Vermächtnis, was das Volk tun soll. So stellt sich die Frage im Blick auf das Leben des Johannes: Hat er eigentlich gesündigt? Haben Sie das schon mal bedacht? Er war *der* Bußprediger – hat er eigentlich selbst Buße getan? Er kündet das Neue, er weist auf Jesus hin, er tauft ihn sogar, aber er wird kein Jünger Jesu! Er hätte doch der Erste sein müssen und tut es nicht. Das ist ganz eigenartig. Er schickt die Leute hin, aber er selbst bleibt jenseits des Jordans, um sozusagen mit dem Finger zu sagen: Dahin geht es.

So müssen wir uns noch einmal die Frage vor Augen halten: Was wollen wir uns dann dieser Tage von ihm sagen lassen? Auch als Kirche in dieser Zeit? Wir sind im Übergang. Sie wissen das ein wenig von den Strukturänderungen des Bistums Essen. Bei Ihnen ist das noch etwas anders gelagert durch das Presbyterium und andere Strukturen, aber die Problematik ist klar. Die Form von Kirche, die wir alle erlebt haben, das so genannte Zeitalter der Volkskirche, ist vorbei. Dazu können wir auch unsere Konfirmanden und Firmlinge nicht mehr begeistern. Das wird so nicht mehr sein. „Umstrukturierung" heißt das Wort, Neuausrichtung. Vielleicht müssen wir das jetzt ein bisschen so sehen wie damals das Volk Israel. Ich erlebe, zumindest seitdem ich in Bochum bin: Das Kirchenvolk ist wie das Volk Israel. Sie murren und meckern, dass es nicht mehr so ist wie früher. Sie haben die Vertrautheit der wunderbaren Volkskirche verlassen müssen, das Gelobte Land ist noch nicht in Aussicht, d. h. sie sehen es noch nicht. Sie murren und meckern, weil sie merken, so geht das mit Kirche nicht mehr weiter, aber die neue Form ist noch nicht erfahrbar. Damit stellt sich die nächste Frage: Wer ist dann heute derjenige, der wie Mose oder wie Johannes hinüberzeigt in dieses neue Land, der sozusagen ein Stückchen vorläuft und dann sagt: „So geht es nicht mehr, aber es gibt eine Zukunft, die Mut macht. Die macht Mut mit Gott."

Wir brauchen solche prophetischen Menschen, Männer wie Frauen. Ob das der normale Gemeindepastor überhaupt leisten kann, ist da die Frage. Ob es ein Superintendent, ein Präses, ein Bischof oder sogar der Papst kann, ist ebenso die Frage, aber wir brauchen prophetische Menschen. Es ist klar: Vorläufer haben es nicht leicht. Die haben meistens mehr Gegner, nach dem Motto: Das wollen wir eigentlich gar nicht. Von *daher* müssen wir nachdenken, wenn wir diesem Vorläufer heute im Evangelium begegnen: Johannes hatte es nicht leicht. Er wurde ja auch später enthauptet, scheinbar wegen einer ganz anderen Sache, aber man wollte ihn auf jeden Fall zum Schweigen bringen. Ein spannendes Buch, das diese Erfahrung am Jordan ausdrückt und mich zurzeit fasziniert, hat den Titel: „Kirche, die über den Jordan geht". Ich finde das Buch insofern spannend, weil es ein Pastoraltheologe geschrieben hat und damit zur Sprache bringt: Wir stehen vor dem Übergang. Wir hier im Ruhrgebiet denken sofort, wir gehen über die Wupper. Doch der Jordan hat eine Verheißung. Wenn wir als Kirche über den Jordan gehen, heißt das auch, das wir selbst vor der Entscheidung stehen: Wollen wir das eigentlich? Da gibt es natürlich Sorgen und Nöte; wer weiß schon, wie das sein wird, was da auf uns zukommt? Und: Wer macht es? Wenn wir dann in die Bibel schauen, kann das ermutigen. Was tut Mose? Er weiß um das Murren und Meckern und sucht sich Kundschafter. Kundschafter, die kennen Sie alle aus dem Buch Exodus. Mose schickt sie aus und sagt: „Erkundet das Land!" Und sie bringen Früchte des Landes, sie bringen die Botschaft: Da sind starke Menschen, befestigte Städte, aber die Früchte des Landes sind so kostbar – es lohnt sich, hinüberzugehen.

Wir brauchen also Pfadfinder der Kirche, die sich bereit erklären, hinüberzugehen in ein neues Gelobtes Land von Kirche und Gemeinde, das wir erst entdecken müssen. Da wird es schwierig, denn wer wäre bereit dazu? Wir wollen ja erst mal unsere Gemeinde „am Laufen halten". Dann noch Leute hinüberzuschicken – und es müssten eigentlich die Besten sein –, die etwas Neues ausprobieren, wer hat dazu die personellen Ressourcen? Johannes kündet dieses Neue. Er gibt auf dem Weg dorthin ganz konkrete Verhaltensweisen, was man tun soll, nämlich die Urverhalten von Gerechtigkeit, Barmherzigkeit und so weiter. Da sagen wir: „Er hat im Prinzip Recht, dass er die in Erinnerung ruft; die uralten Gebote, die wir genauso umsetzen können. Stimmt. Aber es geht eben nicht mehr so einfach."

Vielleicht ist es da wichtig zu sagen: Wir müssen nun eben umkehren von solchen Wegen, die wir bis jetzt gingen und kannten, um uns neu auszurichten. Vielleicht laufen wir auch in unseren Gemeinden zurzeit in die falsche Richtung. Vielleicht haben wir so viel vor Augen, dass wir das Ziel vergessen haben. Vielleicht müssen wir deshalb auch neu lernen – was ganz schwierig ist –, gegen den Strom zu schwimmen. Auch der Jordan war ja einmal ein Strom, durch den man schwimmen musste – um dann zu erfahren: Ja, es gibt eine Verheißung, die sich erfüllen kann. Selbst Prophet sein in unserer Zeit, ist schwierig. Jemanden zu finden, der das kann – die Konfirmanden oder andere, wem trauen wir es zu? Ich wage einmal die These zu formulieren und hier in Vinzentius zu sagen: „Wir suchen nicht den Superstar, sondern den Christen in einer Castingshow, der bereit ist, die nächsten Jahre hier mitzumachen." Ich glaube nicht, dass wir 100 000 Freiwillige haben werden, die sich darauf bewerben. Ich weiß nicht, wie gut Pfarrer Hagmann ist und aussieht und was man sonst noch alles braucht, aber die Castingshow für kommende Christen würde wahrscheinlich nur ein müdes Lächeln hervorrufen nach dem Motto: Jetzt versuchen sie das, was andere viel besser können. Aber wir müssen junge Menschen casten, d. h. besser ermutigen und befähigen – nicht mit der Technik dieser Zeit, das können die anderen besser, mit Handy, Internet, Facebook u. a. –, wir müssen sie befähigen, mit unserem gemeinsamen Glauben in die Zukunft zu gehen, wir müssen sie ermutigen und sagen: „Geht ihr voran. Probiert ihr Wege aus, die wir vielleicht nicht mehr schaffen." Wir haben ja früher auch manches ausprobiert, was die alte Gemeinde nicht wollte, und sagen heute: „Das war doch klasse, was wir gemacht haben." Dieses Pionierverhalten, diesen Mut zum Risiko mit Gottvertrauen – so hat Johannes es getan. Er hat auf etwas hingewiesen, und er wusste genau: Das geht nicht in den etablierten Strukturen. Deshalb war er jenseits des Jordans. Und wer wirklich Neues wollte, ging hinaus zu ihm. Der brach auf, um zumindest einmal zu schnuppern: Wie ist das denn damit? Und: Ist das eine echte Alternative? Heute gehen die Leute aus Bochum aus dem Haus, weil verkaufsoffener Sonntag im Ruhr-Park Einkaufszentrum ist, aber nicht, weil hier in der Kirche Gottesdienst ist. Da ist irgendetwas in unserer Gesellschaft falsch. Die Frage wäre: Wie wäre das denn, wenn wir so etwas bewerben würden: „Kommt zu uns, wir zeigen euch neue Wege." Davon müssen wir aber selbst überzeugt sein und das macht es schwierig.

Aber das Schöne am heutigen Evangelium: Es macht Mut! Das Wort erging an Johannes. Ohne dass er sich beworben hatte, ohne dass er eine Ausbildung hatte oder eine Befähigung – es erging an ihn. Gott spricht sein Wort damals und ich glaube, er spricht es auch heute. – Karl Rahner hat gesagt: „Wir müssen Hörer des Wortes sein." Wenn wir das versuchen, hier und in all den Gemeinden, so unterschiedlich sie sind, so glaube ich, können wir auch ein Zeichen setzen. Dann können wir neu adventliche Menschen sein. Aufbrechen, weil die Ankunft des Herrn nahe ist, aber nicht unbedingt da, wo wir sind, sondern da, wo der Herr ist. Das war draußen vor der Tür, in einem Stall. Das war draußen am Jordan, das war da, wo Not ist. Das hat Jesus uns vorgelebt, da können wir ihm begegnen, das können wir versuchen. Das lasst uns neu wagen.

Michael Ludwig, Bochum, Jahrgang 1957,
Propst der Pfarrei St. Peter und Paul,
Bochum.

KARL-HEINZ SARETZKI
im Dialog mit
GERALD HAGMANN

„Lob aus der Tiefe"
Über das Choralvorspiel „Nun danket alle Gott"
von Magdalene Schauss-Flake

GERALD HAGMANN
Nun danket alle Gott – mit Herzen, Mund und Händen!

KARL-HEINZ SARETZKI
Nun danket alle Gott – mit Herzen, Mund und Händen! Das wollen wir heute Morgen gemeinsam – korrespondierend – entfalten. Mit Worten und Musik, mit einer Dialog-Predigt.

Unser Thema ist das bekannte Lied von Martin Rinckart. Eine Frau hat zu diesem Lied ein bemerkenswertes Vorspiel komponiert. Vorspiele zu Gesangbuchliedern wollen Hinführungen und musikalische Auslegungen sein, Vorspiele wollen interpretieren mit Akkorden und Rhythmen, mit lauten und leisen Klängen, wollen den Text der Strophen anhand der vorgegebenen Melodien vertiefen.

GERALD HAGMANN
Zuerst hören wir eine Vertonung von Felix Mendelssohn Bartholdy, der zu diesem Lied einen sechsstimmigen Satz für seine Gottesdienste im Berliner Dom komponiert hat. Für den jungen Mendelssohn wird das Lied zu einem stillen Gebet.

Nun danket alle Gott. Satz für 6 Stimmen von Felix Mendelssohn Bartholdy (3)

KARL-HEINZ SARETZKI
Für ein Bläser-Vorspielbuch wurde Magdalene Schauss-Flake, eine bekannte Komponistin innerhalb der Kirchenmusikszene in

Deutschland, beauftragt, ein Vorspiel zu komponieren. Der Kompositionsauftrag fiel in eine Zeit, als Frau Schauss-Flake nicht zum Danken – *mit Herzen, Mund und Händen* – zumute war.

Erst nach mehrmaliger Nachfrage und Erinnerung hat sie uns das Vorspiel geschickt mit dem Hinweis, dass es gewiss anders ist, als wir es erwarten würden. Sie hat es komponiert, als ihr Mann nach langem Krebsleiden starb. Sie hat es komponiert in einer Zeit großer Trauer und bitterer Klage, auf dem Hintergrund von Verzweiflung und Anfechtung.

GERALD HAGMANN

Wer kennt diese Zeiten nicht, in denen es wenig oder nichts zum Loben und Danken zu geben scheint, wo nur Fragen und keine Antworten das Denken bestimmen. Immer wieder: Warum? Wozu? Wir rufen zu Gott, klagend und anklagend: Wo bist du Gott? Warum lässt du das zu?

Wer von einem lieben Menschen Abschied nehmen muss, der spürt, wie ohnmächtig und ratlos der Tod machen kann. Wie aufgewühlt und hilflos man plötzlich werden kann. Magdalene Schauss-Flake hat ihre Hilflosigkeit und Trauer in Akkorde gefasst, die ihren Schmerz ausdrücken. Hören Sie den ersten Teil ihres Vorspieles zu dem Lied *Nun danket alle Gott*.

Nun danket alle Gott / Schauss-Flake (1). Vorspiel / Takt 1–24

GERALD HAGMANN

Ich habe gehört und verstanden, dass Musik Gefühle deutlich hör- und sichtbar machen kann. Ich habe in dieser Musik verzweifelte Aufschreie gehört, manchmal auch Protest. Diese Musik erinnert mich an Menschen, die verstummt waren, denen nicht mehr nach Singen zumute war. An fast jedem Tag treffe ich Menschen, denen das Singen vergangen ist. Und ich denke auch an Menschen der Bibel, im Alten und Neuen Testament: Ich denke an Paulus, den man in den Kerker warf, um ihn zum Schweigen zu bringen. Ich denke aber auch an einen Mann unserer Zeit, an Jochen Klepper, der verzweifelt mit seiner Frau aus dem Leben schied, weil sie Jüdin war. Und ich denke an Dietrich Bonhoeffer, den man inhaftierte, um ihn mundtot zu machen. Das Überraschende: Alle haben trotzdem weiter gedichtet und weiter gesungen

KARL-HEINZ SARETZKI
Wie mag das geklungen haben in dieser Situation? Was mögen sie gesungen haben? Vielleicht war es ein Lied aus dem Alten Testament, vielleicht Verse aus einem Psalm:

GERALD HAGMANN
Aus der Tiefe rufe ich, HERR, zu dir. HERR, höre meine Stimme!
Lass deine Ohren merken auf die Stimme meines Flehens! ...
Ich harre des HERRN, meine Seele harret,
und ich hoffe auf sein Wort. ...
Denn bei dem HERRN ist die Gnade
und viel Erlösung bei ihm.
(Aus Ps 130)

Nun danket alle Gott / Schauss-Flake (1) Vorspiel / Takt 1–9
(ab Takt 7 ohne Sopran)

GERALD HAGMANN
Neben den Klängen der Anklage und dem Aufschrei höre ich auch die uns allen bekannte Melodie. Das klingt hier allerdings wie ein Lob aus der Tiefe. Es klingt leise und zaghaft, vorsichtig und zurückhaltend. Das klingt so, als sänge oder bliese jemand in weiter Entfernung oder in großer Tiefe, als hörte man das Lied aus einer Grube oder aus einem Bergwerksstollen. Vielleicht singen verschüttete Bergleute so, die in einer Grube eingeschlossen sind, wenn sie hoffnungsvoll der Hilfe ihrer Kumpel entgegenharren, die sie herausholen werden. *Ich höre Lob aus der Tiefe* – zaghaft, aber immer deutlicher.

KARL-HEINZ SARETZKI
Der Text des Liedes *Nun danket alle Gott* stammt von Martin Rinckart, einem Kantor und Pfarrer aus Eisleben in Sachsen, er hat die drei Strophen als *Tischlied* während des 30-Jährigen Krieges im Jahr 1636 für seine Familie und die ihm anbefohlenen Schüler eines Internats gedichtet. Dabei hat er die Bibel als Vorlage benutzt.

GERALD HAGMANN
Dort heißt es wörtlich im Buch *Jesus Sirach*:
Nun danket alle Gott, der große Dinge tut an allen Enden, der uns von Mutterleib an lebendig erhält und uns alles Gute tut. Er gebe uns ein fröhliches Herz und verleihe immerdar Frieden zu unsrer Zeit in Israel und dass seine Gnade stets bei uns bleibe und uns erlöse, solange wir leben.

KARL-HEINZ SARETZKI
Die Melodie stammt von dem bekannten Kirchenmusiker aus Berlin, Johann Crüger, der vor 350 Jahren zusammen mit seinem Gemeindepfarrer Paul Gerhardt vielen Texten und Gedichten ein musikalisches Gewand zum Singen gegeben hat. Die Melodie zu diesem Lied ist schlicht und einfach, hat keine besonderen Höhepunkte und keinen großen Tonumfang wie viele andere Melodien, z. B. *Du meine Seele singe*, eine Melodie, die jubelnd aus der Tiefe in die Höhe zu steigen scheint. Aber die mehrmaligen Tonwiederholungen am Anfang und in der Mitte haben doch etwas Eindringliches, Pochendes, Bittendes und Aufforderndes:
Nun danket alle Gott!

Nun danket alle Gott / Schauss-Flake (1). Vorspiel / Takt 10–24

GERALD HAGMANN
Das Lied ist eins der bekanntesten Lieder der Kirche – es ist ein ökumenisches Lied, das in ganz vielen christlichen Gemeinden gesungen wird, nicht nur in der evangelischen Kirche. Es erklingt bei Festen und Feiern, bei Jubiläen aller Art, es wird gesungen und ge-

spielt, oft stehend und laut, manchmal auswendig und sogar mehrstimmig, manchmal mit Pathos und erhebendem Gefühl.
Nun danket alle Gott.

KARL-HEINZ SARETZKI
Ich denke wieder an Menschen, die ich kennen gelernt habe, die sich an die Hand gefasst und dieses Lied angestimmt haben. Damals 1963, als die Bergleute in Lengede gerettet wurden. War es nicht auch 1989 in Berlin beim Fall der Mauer so, dass einer mit seiner Trompete die Melodie blies und alle stimmten ein? Das war erhebend zu sehen, anzuhören und zu erleben.
Nun danket alle Gott.

GERALD HAGMANN
Aber nochmals: Was ist, wenn es nichts zu loben und zu danken gibt, wenn einem das Lob im Halse stecken bleibt, wenn man keinen Grund mehr zum Danken findet, weil Krankheit und Tod, Not und Plage herrschen, wenn das Leben keinen Sinn mehr zu haben scheint? Dann kann sich keine Melodie richtig entfalten, dann hört man nur kurze Tonfetzen, dann klingen Töne über- und untereinander, die sich reiben, dann entstehen Klänge, die in den Ohren und in der Seele schmerzen.

Nun danket alle Gott / Schauss-Flake (1). Vorspiel / Takt 25–33

GERALD HAGMANN
Menschen brauchen etwas, das begleitet im Alleinsein – vor allem in bösen Tagen. Das aufrichtet, wenn Sorgen niederdrücken. Das auffängt, wenn es bergab geht, das hält, wenn es kein Halten gibt. Liebe Gemeinde, als Christen dürfen wir spüren, dass Hilfe und Zuversicht im Evangelium, der frohen Botschaft von Jesus Christus, verankert ist.

KARL-HEINZ SARETZKI
Johann Franck, ebenfalls ein Liederdichter des 30-Jährigen Krieges, hat in seinem Lied *Jesu, meine Freude* das in einer Liedstrophe so ausgedrückt:

Trotz dem alten Drachen, Trotz dem Tod und seinem Rachen,
Trotz der Furcht dazu.
Tobe Welt und springe, ich steh hier und singe in gar sichrer Ruh.
Gottes Macht hält mich in acht,
Erd und Abgrund muss verstummen, ob sie noch so brummen.

Gerald Hagmann
Da steht ein Mensch – und die Angst lässt von ihm ab, obwohl alles um ihn herum dunkel und von Todesgefahr gezeichnet zu sein scheint. Da steht ein Mensch – und singt, obwohl alles um ihn herum chaotisch klingt und wirkt.

Tobe Welt und springe,
ich steh hier und singe in gar sichrer Ruh.

Karl-Heinz Saretzki
Vielleicht kann man diese Zuversicht und diesen Halt auch in unserer Musik, in unserem Vorspiel von Magdalene Schauss-Flake, erkennen und hören – vielleicht als klingendes Symbol in der wohlbekannten Melodie wiederfinden, die jetzt mit ihren letzten beiden Zeilen – erkennbar für alle – durch alles hindurch klingend endlich aus der Tiefe majestätisch und triumphal in die Höhe steigt.

Nun danket alle Gott / Schauss-Flake (1). Vorspiel / Takt 25–41

Gerald Hagmann
Wir kommen zurück an den Anfang. Paulus und Silas, Jochen Klepper und Dietrich Bonhoeffer sangen im Gefängnis, sangen in Bedrängnis oder Not für sich – und andere. Sie sangen ihren Glauben heraus. Sie sangen Gottes Antwort herbei. Sie sangen in der Tiefe ihres Lebens von der Größe und Liebe Gottes. Sie sangen bekannte Lieder, vielleicht Ps 23:

Der Herr ist mein Hirte, mir wird nichts mangeln.
Und ob ich schon wandere im finstern Tal,
fürchte ich kein Unglück, denn du bist bei mir,
dein Stecken und Stab trösten mich.

KARL-HEINZ SARETZKI
Auch wir sind aufgefordert, Gott für alles zu danken, was er uns geschenkt hat und immer wieder schenken will, dankbar zu sein *mit Herzen, Mund und Händen.*

GERALD HAGMANN
Gott loben *mit dem Mund* – das heißt, es aussprechen und singen, *Danke* sagen. Dem Gegenüber, dem Mitmenschen, ein gutes Wort gönnen, ihn ansprechen.

KARL-HEINZ SARETZKI
Mit den Händen Gott loben – das heißt, Dank ausdrücken nicht nur mit Worten, sondern auch mit Taten. Zupacken und anfassen, wo in Not Hilfe gebraucht wird.

GERALD HAGMANN
Mit dem Herzen – das heißt, es ehrlich meinen, von Herzen danken. Nicht nur denken, was bringt es mir, wenn ich das tue, sondern offen und ehrlich.

KARL-HEINZ SARETZKI
Lob, Ehr und Preis sei Gott, dem Vater und dem Sohne
und dem, der beiden gleich im höchsten Himmelsthrone,
dem dreimal einen Gott als der ursprünglich war
und ist und bleiben wird jetzund und immerdar. Amen.

GERALD HAGMANN
Wir hören das ganze Vorspiel von Magdalene Schauss-Flake noch einmal im Zusammenhang.

Nun danket alle Gott / Schauss-Flake (1) Vorspiel / Takt 1 – Ende.
Anschließend: Choral / Cantus firmus / einstimmig mit Posaunen (2)

GERALD HAGMANN
Der Friede Gottes, welcher größer ist als all unser Denken und Verstehen, höher und tiefer als unser Wissen und Wollen, der Friede

Gottes bewahre unsere Herzen, unser Gemüt und unsere Sinne und schenke uns ein fröhliches, dankbares Herz in Christus Jesus, unserem Herrn. Amen.

Wir singen die letzte Strophe: *Lob, Ehr und Preis sei Gott*

Nun danket alle Gott. Choral / Strophe 3 (2)

Literatur
(1) 101 Bläservorspiele für Bläser/buch & musik Verlag, Stuttgart.
(2) Posaunen-Choralbuch zum EG/Strube Verlag, München/Edition 2121.
(3) Bläserheft für Kirchentage/Strube Verlag, München/Edition 2067.

KMD Karl-Heinz Saretzki, Bochum, Jahrgang 1942, Landesposaunenwart i.R. der Evangelischen Kirche von Westfalen.

Dr. theol. Gerald Hagmann, Bochum, Jahrgang 1973, Pfarrer der Evangelischen Kirchengemeinde Harpen, Bochum.

NIKOLAUS SCHNEIDER

„Hoffnung für die Schöpfung und Gewissheit des Heils"
Über den Predigttext Röm 8,13-23

Gnade und Friede von Gott unserem Vater und von unserem Herrn Jesus Christus sei mit uns allen, Amen.

Liebe Schwestern und Brüder,

das Leben von Christenmenschen nimmt teil an allem, was das Leben schön und schwer zugleich macht. Wir erleben Gelingen und Misslingen, wir kennen Krankheiten, wir kennen manche Verzweiflung in diesen Krankheiten. Wir erleben, dass wir bewahrt werden und gegen alle Hoffnung auch wieder gesund werden. Aber wir erleben auch die Abstürze, die dann bis zum Tod führen. Das alles kennen wir.

Ganz viele von uns haben tief im Innern dieses Gefühl, dass sich ein gutes Leben einmal auszahlen müsste. Ein gutes Leben im Glauben, das dadurch bestimmt ist: „Ja, ich glaube an Gott und ich lebe meinen Glauben und setze mich ein, ich lebe meine Frömmigkeit, ich lobe Gott, ich gehe in den Gottesdienst, ich engagiere mich für meine Mitmenschen im Sinne dessen, was wir eben in der Schriftlesung (Mt 25,31-46) gehört haben." Und wenn wir uns so engagieren, dann müsste sich das doch irgendwie mal auszahlen, indem es sich im Leben bemerkbar macht. Aber häufig ist das nicht der Fall. Es geht uns Christenmenschen nicht anders als anderen. Wir sind Menschen, wir bleiben Menschen wie die anderen auch. Wir sind nicht gesünder, weil wir in der Nachfolge Christi leben. Und wir müssen die Erfahrung machen, dass diese Spannungen auch unser Leben auszeichnen, ja, dass solche Spannungen die Grundbedingungen menschlicher Existenz sind. Es ist die Herausforderung, mit der wir in unserem Leben fertig werden müssen. Wie wird ein Christenmensch mit diesen Herausforderungen fertig?

Der Apostel Paulus denkt im Brief an die Römer in einem Abschnitt über die Grundbedingungen menschlicher Existenz nach und schreibt der dortigen Gemeinde im achten Kapitel (Röm 8,18-25) seines Briefes dazu Folgendes:

> *Denn ich bin überzeugt, dass dieser Zeit Leiden nicht ins Gewicht fallen gegenüber der Herrlichkeit, die an uns offenbart werden soll.*
>
> *Denn das ängstliche Harren der Kreatur wartet darauf, dass die Kinder Gottes offenbar werden.*
>
> *Die Schöpfung ist ja unterworfen der Vergänglichkeit – ohne ihren Willen, sondern durch den, der sie unterworfen hat –, doch auf Hoffnung;*
>
> *denn auch die Schöpfung wird frei werden von der Knechtschaft der Vergänglichkeit zu der herrlichen Freiheit der Kinder Gottes.*
>
> *Denn wir wissen, dass die ganze Schöpfung bis zu diesem Augenblick mit uns seufzt und sich ängstet.*
>
> *Nicht allein aber sie, sondern auch wir selbst, die wir den Geist als Erstlingsgabe haben, seufzen in uns selbst und sehnen uns nach der Kindschaft, der Erlösung unseres Leibes.*
>
> *Denn wir sind zwar gerettet, doch auf Hoffnung. Die Hoffnung aber, die man sieht, ist nicht Hoffnung; denn wie kann man auf das hoffen, was man sieht?*
>
> *Wenn wir aber auf das hoffen, was wir nicht sehen, so warten wir darauf in Geduld.*

Liebe Brüder und Schwestern,

Sie haben die entscheidenden Stichworte gehört: das Erleben, das Erleiden der Zeit ist gekennzeichnet durch die Vergänglichkeit. Der Apostel sagt es so: dieser Zeit Leiden, das ängstliche Harren der Kreatur – wir selbst sind Teil dieser Kreatur, wir sind der Vergänglichkeit unterworfen, wir erleben das wie eine Knechtschaft, wir seufzen und ängstigen uns, wir seufzen und sehnen uns. Schon

Paulus erlebte also die Spannungen der menschlichen Existenz. Im Mittelpunkt dieser Spannungen steht die Vergänglichkeit. Sie ist das menschliche Maß. Und daran reiben wir uns, weil wir eigentlich in uns etwas anderes spüren. Man merkt manchmal, dass in uns etwas anderes angelegt ist; wir möchten eigentlich mehr, aber in dieser Welt und auf dieser Erde können wir nicht mehr. Und deshalb ist es das Erste und das Wichtigste, das zu sehen. Nüchtern wahrzunehmen, wo die menschlichen Grenzen liegen: Die Vergänglichkeit ist das menschliche Maß – nicht die Ewigkeit oder die Unvergänglichkeit. Das hat Konsequenzen für uns und unser Leben. Alle Versuche, für Unvergänglichkeit zu sorgen und das menschliche Maß zu übersteigen, enden häufig genug in Katastrophen. Wenn man meint, ganze Landschaften völlig umgestalten zu können. Solche Gigantomanien hat es ja schon gegeben. Darum tue ich mich persönlich auch mit der Atomkraft so schwer, weil ich der Meinung bin, dass die Probleme, die wir uns damit an Land ziehen, wirklich das menschliche Maß übersteigen: Wenn der Abfall eine halbe Ewigkeit strahlt, kann kein Mensch behaupten, dass er dafür Verantwortung übernehmen kann, keiner! Das Problem mit dem Atommüll ist nicht zu lösen, aber wir müssen so damit umgehen, dass man das Problem von Generation zu Generation weitergibt und dafür sorgt, dass die nächste Generation auch damit umgehen kann. Das ist dann das Beste, was wir tun können. Aber ein für alle Mal zu lösen ist das Problem nicht! Wer bildet sich denn so etwas ein?

Zur Vergänglichkeit gehört es, dass wir Menschen Fehler machen. Und deshalb ist es wichtig – und das entspricht auch unserem menschlichen Maß –, dass wir freundlich mit Fehlern umgehen, dass wir in der Lage sind, uns zu korrigieren. Das gilt nicht nur für äußere Abläufe, sondern das gilt auch für uns selbst. Wer bereit ist, sich zu korrigieren, das eigene menschliche Maß anzunehmen, erreicht auch einen freundlicheren Umgang mit anderen. Auf diese Weise ist es auch möglich, Fehler anderer zu akzeptieren. So wird man eben nicht zu einer „Pest" für andere, die ständig Vorwürfe macht: „Das ist falsch! Das hast du nicht richtig gemacht! Fehler!" Eine solche „Pest" will andere auf Fehlerlosigkeit festlegen. Und der Umkehrschluss gilt auch hier: Ich selbst darf und kann Fehler zugeben. Das ist schwer genug. Ich weiß, wie schwierig eine solche Lebensperspektive ist. Man denke etwa an all diejenigen, die in der Politik aktiv sind, aber auch in vielen anderen Lebensbereichen – da wird eine solche Lebenshaltung kritisch gesehen. Denn sie wird schnell als Schwäche ausgelegt und öffentlich breitgetreten. Aber trotzdem: Was sind das für besondere Menschen, die auch öffentlich zu Fehlern stehen und sagen: „Das habe ich falsch gemacht. Ich will das jetzt anders machen, ich kehre um." Das ist ein Segen, wenn wir Menschen haben, die das können, die das mit Überzeugung können. Das genau ist ja unser menschliches Maß und eigentlich nichts Besonderes: Es ist wirklich unser menschliches Maß.

Das Leben ist komplex und kompliziert. Wir verlaufen uns häufig genug. Wir gehen in die Irre! Und deshalb ist es unsere größte Stärke, dass wir umkehren können, Umkehr ganz bewusst vollziehen. Martin Luther hat jenen schönen Satz formuliert, dass wir täglich umkehren können! Weil uns das tägliche Leben häufig auf Abwege führt.

Eine der Konsequenzen, die ich aus dem paulinischen Text ziehe, kann so zusammengefasst werden: Es ist unsere Aufgabe, das menschliche Maß zu akzeptieren und anzunehmen, in der Gestaltung der Schöpfung, im Umgang mit allen Dingen, die uns umgeben, die wir auch produzieren. Mit all dem Wunderbaren, was Menschen schaffen können. Es ist unsere Aufgabe, damit mit Sinn und Verstand umzugehen; nichts zu überdehnen, zu überspannen, und darauf zu verzichten, sich Dinge vorzunehmen, die einfach jenseits unserer Möglichkeiten sind. Das ist eine der Konsequenzen, die ich daraus ziehe. Und das fällt natürlich schwer: nicht zu seufzen und sich danach zu sehnen, dass es eigentlich anders sein könnte. Auch wenn wir manchmal gern anders wären: Wir werden immer wieder zurückgeworfen auf das, was wir sind.

Das Zweite: Mit welcher Perspektive gehen wir mit diesem

menschlichen Maß um – mit unserer Vergänglichkeit, mit dieser Knechtschaft, mit unserem Seufzen, mit unserem Leiden, mit unserer Sehnsucht? Welche Perspektive haben wir? Sie ist nämlich das Entscheidende! Gar nicht so sehr die Fakten selbst, sondern die Perspektive, unter der ich die Fakten betrachte, ist das Entscheidende. Denn daraus erwachsen Einschätzungen und Bewertungen. Und da gilt, was der Apostel Paulus uns sagt: Das Sehnen und das Hoffen, liebe Schwestern und Brüder, ist begründet. In uns ist in der Tat mehr angelegt. Wir können auf mehr und anderes hoffen. Das hat seinen guten Grund und ist auch in uns angelegt, aber nicht in der Fähigkeit zur Perfektion und zur Vollendung, sondern in der Fähigkeit, sich von dem, der der Ewige und einzig Vollendete ist, ansprechen zu lassen. Wir sind ansprechbar. Das ist unsere Fähigkeit. Wir sind von Gott ansprechbar. Wir sind durch Jesus Christus ansprechbar. Dies ist die entscheidende Perspektive, unter der wir uns und unser Leben betrachten können: aus der Perspektive Gottes, aus der Perspektive Jesu Christi. Die sagt uns: Ja, wir leben unter den Bedingungen dieser Zeit. Aber, liebe Schwestern und Brüder, die Bedingungen dieser Zeit haben nicht das letzte Wort über uns. Wir alle gehen auf das Sterben und auf unseren Tod zu, das ist völlig richtig. Doch dieser Tod und dieses Sterben werden uns nicht endgültig vernichten, sondern wir gehen durch den Tod hindurch zum Leben, zu Gott, zu unserem Herrn Jesus Christus.

Aus dieser Perspektive betrachtet, ist zwar immer noch alles schwer. Wir sind vom Leiden betroffen – aber wir müssen darin nicht wie in einem Elend, in einem Sumpf versinken und uns verlieren, das Zutrauen zum Leben und zur Welt verlieren. Über eine solche Haltung und Erfahrung könnte man zynisch und selbstgerecht werden und versuchen, dass man sein Schäfchen immer gut ins Trockene bringt. Und das kann Menschen dazu bringen, sich zu entziehen, eben nicht für andere da zu sein, wie wir es gerade in der biblischen Lesung aus Mt 25 gehört haben. Dann sagt man: „Lass das mal die anderen machen, ich sehe zu, dass ich ein möglichst gutes Leben habe. Ich für mich." Möglichst viel bekommen, möglichst wenig geben. Aus dem Leben immer ein Geschäft mit möglichst viel Profit machen. So zynisch kann man werden. Und dieser Zynismus kommt uns ja auch bekannt vor, denn er ist durchaus menschlich. Deshalb ist unsere Lebenshaltung so wichtig – unsere Hoffnung, unser Glaube und unsere Gewissheit. Unter den Bedingungen dieser Welt hat etwas Neues angefangen. Die Knechtschaft der Vergänglichkeit hat letztlich keine letzte Herrschaft über uns. Wir sind schon befreit, obwohl wir noch unter diesen Bedingungen leben.

Wir müssen uns immer wieder klarmachen, wie kompliziert unsere Existenz ist, weil uns die täglichen Sorgen und Nöte so sehr beschäftigen. Helfen kann uns dabei die Heilige Schrift. Deshalb ist es auch so wichtig, in den Gottesdienst zu kommen: Gott zu loben, Lieder zu singen, die innere Stärke aufzubauen und dafür zu sorgen, dass die innere Stärke immer wieder neu genährt wird. Denn sonst kann man nicht nur zynisch werden, sondern auch depressiv und resignativ. Es besteht das Risiko, sich aufzugeben, die Welt aufzugeben, andere Menschen oder die Gestaltungsmöglichkeiten im Leben aufzugeben.

Die Einen ärgern uns, die vom Zynismus geprägt sind. Sie können auch sehr gefährlich werden, weil sie menschliche Existenzen vernichten können. Und die Anderen können uns an unsere Grenzen führen: Menschen, die krankhaft depressiv sind. Besonders existentiell ist es, wenn wir mit ihnen verheiratet sind oder sie unsere Kinder sind oder wir selbst dieses Schicksal erleben. Das ist wirklich schlimm, weil man dabei an seine Grenzen stößt. Mit Paulus sollen wir unser Leben aus dieser Perspektive führen, dass sich objektiv schon etwas verändert hat, obwohl wir die Welt so anders erleben. Denn sie ist schon verändert. Sie hat einen neuen Herrscher! Gott sitzt im Regiment. Christus wird diese Welt regieren. Und das, was dann auf uns zukommt, ist nicht, dass wir überhaupt nichts machen können. Wir werden dereinst gefragt werden, wie wir denn gelebt haben, wie wir unsere Verantwortung und unseren Glauben gelebt haben! Deshalb ist es wichtig, aus unserem Paulus-Text jetzt auch die Perspektiven zu hören. Die will ich nun benennen:

Erstens: *Leben aus der Hoffnung!* Schon etwas merken von der Herrlichkeit der künftigen Existenz. Kind Gottes sein, eine herrliche Freiheit entdecken. Das soll das Herz erwärmen. Das soll uns stark machen, das soll uns Hoffnung geben. Das ist die entscheidende Perspektive: Wir sind schon gerettet, das Entscheidende ist schon geschehen. Was heißt das jetzt für unsere augenblickliche Existenz? Wie lebt man in dieser Hoffnung? Sodass man weder zynisch wird noch depressiv?

Das Zweite ist: *Leben in Geduld!* Und das ist in der Tat eine ganz wesentliche Lebenshaltung, die Geduld. Das heißt nicht: Alles egal, lass es laufen! Die Geduld ist vielmehr die Erwartung, dass es anders wird und anders werden kann! Dass wir diese Zeit, mit den Schwierigkeiten, in denen wir leben, gestalten können. Und wenn wir sie vielleicht manchmal auch nicht gestalten können, dann müssen wir sie ertragen! Aber im Normalfall können wir doch eine Menge gestalten. Wenn Sie einmal an die ersten Gemeinden denken und auch in der Apokalypse des Johannes lesen: Die Menschen damals konnten politisch und gesellschaftlich gar nichts mehr gestalten, daher hieß es da nur noch: aushalten! Die Welt ist nur schlecht und der Staat ist das Untier aus der Tiefe, das war das Römische Reich, und da können wir nur noch darauf hoffen, dass es endlich zerschlagen wird. Aber die heutige Zeit sieht anders aus: wir können politisch eine Menge gestalten. Und das wollen wir dann auch tun, in Geduld, in Festlichkeit. Mit allem, was den Alltag schwer machen kann: in Geduld gestalten – und in der Perspektive des Reiches Gottes. In der Perspektive, dass wir Arme unter uns haben und Hungrige und Obdachlose und Fremde und Menschen im Gefängnis und dabei wissen: Sie bleiben Menschen und gehören zu uns. In der Perspektive, dass wir sie nicht aufgeben, sondern sie besuchen und für sie sorgen. Da haben wir jede Menge Gestaltungsmöglichkeiten. Und die sollen wir um Himmels Willen einsetzen.

Wir sollen auch mit uns selbst geduldig umgehen: Nicht alles funktioniert von jetzt auf gleich. Aber das, was wir zu tragen und zu ertragen haben, ist begrenzt und wird ein Ende haben. Das Ziel unseres Lebens ist wirklich etwas anderes: Geduld. Geduld ist innere Stärke, innere Kraft. Sie alle kennen das Wort, dass in der Ruhe die Kraft liegt. Es geht um die innere Gewissheit: Ich bin von Gott gerettet, Jesus ist für mich eingetreten. Ich bin Kind Gottes und diese herrliche Freiheit der Kinder Gottes wartet auf mich. Wer das innerlich schon einmal vorwegnehmen kann, wird daraus Stärke gewinnen für den Alltag. Das ist die Geduld. Es ist wie eine Spannung. Dieses Wissen kann uns aufziehen wie eine Feder, dass wir gespannt sind und auch gespannt bleiben.

Ja, liebe Schwestern und Brüder: Wir leben in der unerlösten Welt, wir sind Teil der unerlösten Welt, aber das Entscheidende ist schon geschehen: Wir haben allen Grund zur Hoffnung und wir wollen mit der nötigen Geduld und mit der Kraft aus dieser Geduld in der Hoffnung des Reiches Gottes und der herrlichen Freiheit der Kinder Gottes leben. Jetzt und in Zukunft. Und dazu Gottes Segen uns allen. Amen.

Und der gute Geist Gottes regiere unseren Verstand, mache unser Herz stark, öffne unsere Hände und richte unsere Füße auf dem Weg des Friedens. Amen.

Nikolaus Schneider, Düsseldorf, Jahrgang 1947, Ratsvorsitzender der EKD, Präses der Evangelischen Kirche im Rheinland.

OTTILIE SCHOLZ
im Dialog mit
GERALD HAGMANN

„Es ströme das Recht wie Wasser und die Gerechtigkeit wie ein nie versiegender Bach"
Über den Predigttext Am 5,24

GERALD HAGMANN
Gnade sei mit euch und Frieden von Gott unserem Vater und dem Herrn Jesus Christus. Amen.

Sehr geehrte Frau Oberbürgermeisterin,
liebe Gemeinde,
Recht, Gerechtigkeit und Unrecht, Ungerechtigkeit stehen im Fokus der heutigen Predigt. Orientiert an dem so berühmt gewordenen Satz des Propheten Amos (Am 5,24):

Es ströme das Recht wie Wasser und die Gerechtigkeit wie ein nie versiegender Bach.

Dabei ging es um eine Gerechtigkeit der besonderen Art. Es ging ums Überleben. Amos lebte im 8. Jahrhundert vor Christus. Er war eigentlich Viehzüchter. Und Maulbeerfeigenzüchter. Und er war zugleich ein feinsinniger Deuter der Zeichen seiner Zeit. So wurde er quasi ohne Amt, aber von Gott berufen, zum Sozialpolitiker. Er wurde zur Opposition der gegenwärtigen Regierung.

Zu Amos' Zeit herrschte große Ungerechtigkeit im Lande. Menschen wurden um ihr Hab und Gut gebracht, Menschen wurden um ihr Land gebracht. Besonders hat es Kleinbauern und ihre Familien getroffen. Sie verloren um des Profits neuer Wirtschaftsformen willen ihre Subsistenz. Sie gerieten in Schuldknechtschaft, sie wurden abhängig von Großbauern. Und weil Amos sah, was die

Großbauern in ihrer Situation getan haben, griff er sie hart an: Er fasste den Mechanismus der Ausbeutung der Schwächeren in eindeutiger Kürze zusammen. In Am 5,19 formulierte er gegenüber den Reichen: Getreide entreißt ihr den Kleinbauern und Quadersteinhäuser baut ihr. Die Oberschicht lebte in Saus und Braus. Bezahlt haben das die Anderen: die armen Kleinbauern. Mit ihrer Arbeit, mit ihren Abgaben. Mit ihrem Besitz. Mit all dem, was sie hatten.

Das ganze Buch des Amos ist voll von einer fürchterlich modern klingenden schlechten Eigenschaft: von Profitsucht, die durch das Gesetz auch noch gestützt war. Amos hat in dieser Gesetzeslage gespürt: Diese Gerechtigkeit hat nichts mit Gottes Gerechtigkeit zu tun. Was legal ist, ist noch lange nicht legitim. Das gilt ja heute auch noch mancherorts. Würde Amos heute noch leben, dann würde er diesen Vorwurf sicher erneut bringen: Was legal ist, ist noch nicht legitim. Er hätte doch auch manches zu kritisieren. Hier in Bochum, da hätte Amos allerhand zu tun. Auch in Bochum gibt es soziale Missstände – ganz legal. Oder wäre der Sozialkritiker in Bochum arbeitslos, weil hier keine Sozialkritik notwendig ist, Frau Oberbürgermeisterin?

Ottilie Scholz
Nein, er wäre bestimmt nicht arbeitslos, wobei ich einfach noch einmal deutlich machen möchte, dass es schon ein Unterschied ist, ob wir über eine Zeit reden, die lang zurückliegt (8. Jahrhundert vor Christus) oder über die heutige Zeit. Vieles hat sich verändert; da haben viele Menschen mitgewirkt und geholfen, auch die Kirchen und Persönlichkeiten aus den Kirchen, um soziale Missstände zu beheben. Aber ich will den Bogen ein bisschen weiter spannen. Wir reden über eine globalisierte Welt, wir reden über Kinder, die für ihr Leben kämpfen und arbeiten müssen. Wenn man das vergleicht mit der Situation hier in Deutschland, auch in Bochum, dann muss man einfach anerkennen, dass sich sehr viel getan hat; und auch das dürfen wir nicht vergessen: Dies ist nicht von alleine entstanden, sondern dafür haben Menschen gekämpft. Sie haben sogar auf

eine Weise gekämpft, dass manche von ihnen dabei ihr Leben lassen mussten. Wenn wir über Missstände reden, dann sind sie ganz unterschiedlicher Art.

Aber auch dieser Gegensatz von „legal" und „legitim" muss differenziert betrachtet werden. Denn „legal" heißt, ich habe ein Recht, bestimmte Dinge zu tun; ob es „legitim" ist, ist eine Frage von Moral, die damit verbunden ist. Auch wir haben hier große Diskrepanzen in der Verteilung von Gütern: Wir reden einerseits über die so genannten „Heuschrecken", die Managergehälter beziehen, und andererseits reden wir über die Menschen, die Unterstützung brauchen durch den Sozialstaat, die auch Unterstützung brauchen durch soziales Engagement der Mitmenschen in einer Stadt, in einer sozialen Gemeinschaft. Dazwischen liegen wirklich Welten. Und hier ist es wichtig, auch im Sinne einer gemeinsamen Verantwortung daran zu appellieren, dass jeder sich verantwortlich dafür fühlt, was in seinem näheren oder weiteren Umfeld passiert. Deshalb engagieren Menschen sich nicht nur ehrenamtlich in den Kirchen, sondern sie engagieren sich – das ist ja ebenfalls eine Form ehrenamtlicher Arbeit – auch politisch. Ich glaube, wir können uns in Bochum schon mit dem Attribut „eine soziale Stadt" belegen, denn die Stärkung des Sozial- und Jugendbereichs stand immer im Mittelpunkt. Die Soziallasten haben eine noch nie da gewesene Höhe erreicht, und das in Zeiten, in denen das Geld immer knapper wurde. Und trotzdem sind wir auf das soziale Engagement der Menschen in einer Gemeinschaft angewiesen. Ich erlebe es an vielen Orten und bei vielen Gelegenheiten, wie dieses soziale Engagement lebt, unabhängig von finanzieller Unterstützung, sondern wirklich durch tatkräftige Hilfe, von der Menschen, die in Not sind, echte Unterstützung erfahren. Das darf man nicht verkennen, auch – da nehme ich den Gedanken gerne wieder auf – wenn Missstände nach wie vor da sind.

Wir müssen aufpassen, dass wir den Staat nicht ausschließlich in die Pflicht nehmen. Nicht alle Verantwortung kann an die öffentlichen Vertreter übergeben werden, denn sonst werden wir keine lebendige Gemeinschaft mehr sein, die den Austausch pflegt zwischen dem, was staatlicherseits verordnet ist, und dem, was durch die Menschen, durch jeden Einzelnen von uns, nur belegt werden kann. Und wenn sich in einer Gesellschaft, in einer Gemeinschaft wie Bochum, deutlich erleben lässt, dass wir uns alle dafür verantwortlich fühlen, dann werden wir uns auch weiteren Missständen intensiv zuwenden können. Ich gebe aber zu, dass die Kirchen, dass die sozial verantwortliche Gemeinschaft dafür da ist, solche Missstände immer wieder zu benennen und tatkräftig mitzuhelfen, sie zu beseitigen.

GERALD HAGMANN
Sehr geehrte Frau Oberbürgermeisterin, Ihre Beschreibungen der sozialen Entwicklungen in unserer Gesellschaft, nicht zuletzt mit großem ehrenamtlichen Engagement in unserer Stadt, die könnten einen ja auf den Gedanken bringen, dass Gott sich an Bochum erfreut. Glauben Sie das? Macht Bochum Gott Freude?

Der Prophet Amos hat kritisiert, dass es nicht Gottes Wille gewesen sein kann, was damals in Israel geschehen ist. Ich habe meine Zweifel, dass Gott seine helle Freude an allem hat, was in Bochum geschieht.

Manch einer mag fragen: Wie lässt Gott das Böse in dieser Stadt zu? Ein Prophet wie Amos würde wohl ganz anders fragen: Was glaubt ihr, wie Gott es findet, wie ihr euch verhaltet? So sieht kein „gerechtes Leben" aus. So sieht weder Recht noch Gerechtigkeit aus. Und Menschen sind dafür verantwortlich. Die verschiedensten Beispiele gibt es dafür: Gott sei Dank muss in dieser Stadt in der Regel niemand mehr verhungern, aber: Wo Ungerechtigkeit in dieser Stadt herrscht, das wird ja schon am Bildungssystem ganz augenscheinlich. Dass die finanziell Bessergestellten einen leichteren Zugang zu Bildungssystemen haben, das ist ja kein Wahlwerbespruch. Das ist ja Realität. Gute Schulen fordern Schulgeld. Wenn Familien Geld haben, dann können die Kinder am besseren Bildungssystem teilhaben. Die anderen nicht. Das Beispiel „Studiengebühren" – zwar kein lokales, sondern ein Landesthema, und doch auch in dieser Universitätsstadt besonders wichtig: Studiengebühren schrecken Familien ab, junge Menschen zum Studium zu bewegen. Und bei den ganz Kleinen ist es doch auch so. Ein umfangreiches frühkindliches Bildungsangebot mit 45 Wochenstunden ist schon jetzt so teuer, dass es viele Familien abschreckt – und es soll zukünftig in unserer Stadt noch teurer werden.

Aber es ist ja nicht nur das Bildungssystem, viele andere Beispiele gibt es, etwa das Sozialticket: Warum haben sozial Benachteiligte keine Möglichkeit der Nutzung des ÖPNV? Müssten hier nicht gerade sie zur Überwindung von Isolationsgefahr gefördert werden? Müsste es nicht gerade ihnen möglich sein, das öffentliche Verkehrsnetz zu nutzen?

OTTILIE SCHOLZ
Ich möchte zunächst einmal auf die Frage eingehen: Macht Bochum Gott Freude? Ich sage: Ja! Da stellt sich natürlich die Frage: Wann freut man sich? Man freut sich nicht nur über gute Dinge, sondern man freut sich auch über Entwicklungen. Wenn sich etwas vorwärts bewegt, wenn man sieht, dass Menschen sich engagieren. Dass sie kämpfen, einander zuhören und nach Kompromissen suchen. Ich glaube, das wissen wir alle: Das ist das Leben. Sich auseinanderzusetzen, und das trotzdem mit Verantwortlichkeit und mit einem Respekt anderen Menschen gegenüber, mit einer Toleranz und Anerkennung. Insofern möchte ich auch nicht in einer Stadt leben, in der alles nur Sonnenschein ist. Das wäre aus meiner Sicht mehr als unnatürlich.

Mich hat die Formulierung „das Böse" in dieser Stadt gestört, das gebe ich offen zu. Denn was ist das Böse? Wohnt es unter uns, irgendwie anonym? Nein. Ich glaube, ich störe mich am meisten an dem „das", denn wir sind gegebenenfalls das Böse, oder das Böse ist in uns. Und ich glaube, das hat immer mit Umständen zu tun, wie es gelingt, auch diesen Konflikt, den man selbst austragen muss, so zu einem Ende zu führen, dass eben das Gute siegt. Und auch das sind

Zitate, die ich häufig in der Kirche gehört habe. Das Gute siegt und um das Gute müssen wir auch kämpfen. Trotzdem ist es so – Sie haben es an vielen Beispielen deutlich gesagt –, dass wir nicht immer über Recht und Gerechtigkeit in unserer Stadt sprechen können. Es gibt Unterschiede, es gibt Ungleichgewichte und für mich selbst ist es am schlimmsten da, wo junge Menschen, also Kinder, Familien, nicht die gleichen Chancen haben, am gesellschaftlichen Leben teilzunehmen. Da spielt natürlich die Bildung eine außerordentliche Rolle, denn wir selbst haben es alle erlebt, als die Situation mit Nokia[1] eintrat, dass die Menschen, die eine gute Ausbildung hatten, die qualifiziert waren, sehr schnell einen neuen Arbeitsplatz gefunden haben. Aber die weniger Qualifizierten hatten oder haben eben immer noch keine Chance, wieder den Einstieg ins Berufsleben zu finden. Und deshalb ist gerade die Frage der Bildung ganz wichtig, nicht nur für Bochum, sondern für eine Gesellschaft, die immer komplexer wird, die immer globaler arbeitet. Es ist wichtig, dass junge Menschen wirklich die gleichen Chancen haben, einen Beruf nach ihren Fähigkeiten zu ergreifen, und einen Lebensweg zu gehen, der ihnen gemäß ist.

Bochum investiert trotz aller finanziellen Schwierigkeiten nach wie vor in diesem Bereich. Allein in diesem und im nächsten Jahr werden wir über 50 Millionen Euro in die Infrastruktur von Schulen einbringen. Natürlich steht das Ganze auch vor dem Hintergrund, wie sich die kommunalen Finanzen entwickeln. Das wäre noch ein ganz gesondertes Thema. Was uns so ohnmächtig macht in den Städten, hat damit zu tun, dass wir viele Aufgaben zugewiesen bekommen, für die wir nicht entsprechend finanziell ausgestattet sind. Einerseits dürfen sich in unserer Stadt keine Defizite anhäufen, andererseits werden wir von Monat zu Monat wieder mit neuen Aufgaben und Ausgaben konfrontiert, auf die wir keinen Einfluss

---

1 Im Jahr 2008 hat der Telekommunikationskonzern NOKIA einen großen deutschen Entwicklungs- und Produktionsstandort für Mobilfunkgeräte in Bochum geschlossen.

haben. Wenn in dieser Situation beispielsweise ein solcher Begriff wie „Sozialticket" fällt, dann stellen wir fest: Einerseits muss es jedem Menschen möglich sein, sich so zu bewegen, wie es seiner Interessenslage und seinem Bedarf entspricht, andererseits bringt uns das in unglaubliche finanzielle Probleme. Wie können wir das Ganze noch finanzieren, ohne uns und jüngere Generationen unnötig zu belasten? Ich will hier keinen finanzpolitischen Vortrag halten, aber wir leben im Moment davon, dass der Zinssatz unglaublich niedrig ist. Das muss sich nur in den nächsten Monaten um ein oder zwei Prozent ändern, dann bekommen wir ein kaum vorstellbares Problem.

Deshalb gestaltet sich die Diskussion, die wir zurzeit hier in der Stadt führen – und nicht nur in Bochum – sehr schwierig, weil man sich an bestimmte Standards gewöhnt hat. Man hat sich an bestimmte Leistungen gewöhnt und plötzlich müssen sie überprüft werden. An manchen Stellen können wir den Standard auch nicht beibehalten, an den sich die Menschen in dieser Stadt jahrelang gewöhnt haben. Das sind schmerzliche Einschnitte. Und deshalb müssen wir auch im Sinne eines Leitbildes für die Stadt Akzente setzen, Schwerpunkte setzen, Prioritäten setzen. Und da spielt eine ganz wichtige Rolle die Ausgangssituation im Bereich der Bildung, dass wir hier jungen Menschen gerade auch aus Familien, die sich das nicht immer leisten können, die Chance einräumen, einen guten Einstieg in die Gesellschaft zu bekommen. Ich wiederhole es noch einmal: Wir haben ein breit gefächertes städtisches Bildungsangebot. Richtig ist, dass in den letzten Jahren auch einige Privatschulen gegründet wurden, aber gemessen an dem, was wir an kommunalen schulischen Angeboten vorhalten, bilden sie einen verschwindend geringen Teil. Vielleicht verhilft uns dieser Akzent, dass auch unsere Schulen und wir als Schulträger uns dieser Entwicklung bewusst werden und darüber nachdenken: Wie kann man das eigene Schulbild verbessern? Wie kann man seine eigene Schule so attraktiv machen, dass es im Grunde genommen keine Alternative dazu gibt? Das schafft vielleicht sogar Anregungen zu einer Diskussion, die manchmal nötig ist und sich aus einer Situation heraus, in der man finanziell gut ausgestattet ist, nicht immer von alleine ergibt. Wenn von einem „breiten Bildungsangebot" die Rede ist, dann entwickelt sich das ja hin bis zu den Universitäten, die alle hier vor Ort sind, und ich kann Eltern, Familien, junge Menschen nur ermutigen, manchmal auch Wege zu gehen, von denen man nicht immer weiß, wie sie bis zum Ende ausgestaltet sind. Auch wenn hier über Studiengebühren gesprochen wird: Ich selbst habe nach meinem Studium der Sozialwissenschaft noch Verwaltungswissenschaften studiert, habe dafür ein Stipendium bekommen, das ich aber nach dem Einstieg ins Berufsleben wieder zurückzahlen musste. Ich möchte Mut zusprechen, vielleicht auch manchmal Wege zu gehen, die nicht sicher erscheinen. Weil solch ein Impuls nicht immer von den Familien kommt, bietet die Stadt eine Menge Beratungs- und Unterstützungsmöglichkeiten, und zwar stets in guter Kooperation auch mit Kirchen und anderen Trägern.

GERALD HAGMANN
Nun geht es bei Amos nicht immer nur um Sozialkritik, sondern auch um Kultkritik. Amos kritisiert das religiöse Brauchtum seiner Zeit, sofern es die sozialen Aufgaben der religiösen Gemeinschaft aus dem Blick verliert. Und zur gleichen Zeit beobachtet er im 8. Jahrhundert vor Christus großes Interesse am Kult, am Gottesdienst. Verschiedene Kultstätten existieren und haben großen Zulauf: Bethel, Gilgal, Beersheba, so heißen einige von ihnen. Das eine – die Unterdrückung der Kleinbauern und ihre Verarmung – scheint mit dem anderen – dem gewachsenen Interesse an Kult und Kultstätten – nichts zu tun zu haben. Da erhebt Amos Einspruch. Für Amos ist klar, dass beides zusammengehört: Gottesdienst und Gerechtigkeit. Aber: Das eine geht ohne das andere nicht. Den Menschen, einerseits die Gottesdienst feiern und andererseits die konkrete Ungerechtigkeit, das Unrecht vor der eigenen Haustür übersehen, ruft er zu (ich lese aus dem Amosbuch – unmittelbar vor unserem heutigen Predigttext):

Ich bin euren Feiertagen gram und verachte sie und mag eure Versammlungen nicht riechen. ... Tu weg von mir das Geplärr deiner Lieder, denn ich mag dein Harfenspiel nicht hören! (Am 5,21 u. 23)

Ziel seiner Kritik ist aber nicht: Recht und Gerechtigkeit an Stelle von Kult und Liedern. Ziel seiner Kritik ist: Kult und Lieder im Einklang mit Recht und Gerechtigkeit.

Welche Aufgaben haben heute die religiösen Organisationen für eine Stadt aus Sicht der Oberbürgermeisterin? Geht es bei der Unterstützung der Kirchen im kommunalen Beziehungsgeflecht nur ums Geld, etwa bei den Verhandlungen über konfessionelle Kindergärten? Oder haben die christlichen Gemeinschaften für eine Stadt noch eine andere Bedeutung, die etwa mit den Werten zu tun hat, die die Kirchen tragen?

Wie stehen Sie zu den konfessionellen Kindergärten in unserer Stadt oder, um noch einmal ein Landesthema aufzunehmen, zum konfessionellen, von Kirchen mitgestalteten Religionsunterricht in öffentlichen Schulen – im Horizont der Kritik des Amosbuches?

OTTILIE SCHOLZ
Ich bin ganz sicher, dass finanzielle Fragen geklärt werden müssen, aber die Hauptbedeutung der Kirchen hat aus meiner Sicht zu tun mit dem sozialen Zusammenspiel in einer Gesellschaft. Und ich glaube, wir sind im Moment gerade an einem sehr schwierigen Punkt, was Moral, was Werte selbst in Gemeinschaften betrifft, die sich zum Ziel gesetzt haben, auch über Gerechtigkeit und Ungerechtigkeit zu befinden.

Ich glaube, dass die Diskussion, die im Moment in der Katholischen Kirche stattfindet, ganz schlimm ist. Das wird ja auch von Katholiken so gesehen. Aber es stellt sich zudem ganz allgemein die Frage: Wie halten sich Gemeinschaften, die sich selbst als moralische Instanzen begreifen, an bestimmte Vorstellungen von „gerecht" und „ungerecht"? Was tun sie dafür? Und gerade diese moralische Instanz halte ich in einer städtischen Gemeinschaft, in einer städtischen Gesellschaft für unverzichtbar. Ob die Diskussion offen geführt wird, das ist für mich die Frage. Aber vielleicht erwachsen auch Chancen aus der Diskussion, die jetzt initiiert worden ist, dass man nicht mehr die Augen zumacht, dass man nicht mehr daran vorbeischaut und dass man auch ganz bestimmte Werte in Frage stellt, die faktisch nicht gelebt werden.

Hier in Bochum ist das Zusammenspiel der Konfessionen besonders wichtig. Ich habe in der Zeit, in der ich Oberbürgermeisterin bin, aber auch früher schon, immer wieder erlebt, dass es hier ein gutes Miteinander gibt, und trotz schwieriger Situationen, in denen es unter anderem um die Frage der Finanzierung von Kindergartenplätzen ging, war das manchmal nicht ganz einfach, denn auch in den Kirchen gibt es eine Bürokratie, einen Verwaltungsapparat, ein gar nicht schlechtes Umgehen mit Geld. Die Kirchen sind ganz harte Verhandlungspartner. Aber das ist nur ein Teil, denn auch dort müssen stabile Strukturen geschaffen werden. Hier geht es darum, ob man sich einem gemeinsamen Ziel verpflichtet weiß, nämlich einer Gesellschaft, in der man gerne, mit Freude lebt, von der man weiß, dass bestimmte Maßstäbe auch eingehalten werden, die nie starr sind, sondern die immer wieder der Überprüfung bedürfen. Da ist es wichtig, dass man sich gegenseitig aufeinander verlassen kann. Und da ist auch aus meiner Sicht die Rolle der Kirche zu sehen, die Hilfestellung leistet bei den Fragen: Was sind unsere gemeinsamen Werte? Was ist unsere Moral? Wofür fühlen wir uns verantwortlich? Darum appelliere ich immer wieder daran, dass wir uns gemeinsamen Zielen verpflichtet wissen und uns nicht auseinanderdividieren lassen, selbst wenn die Winde mal etwas schärfer wehen.

In Zeiten, in denen große Katastrophen stattgefunden haben, gab es immer ein wirklich ganz wunderbares Zusammenspiel, bei dem wir zusammengekommen sind und auch gemeinsam aufmerksam darauf gemacht haben, was in der Welt passiert. Wir können hier in Bochum auch unseren Beitrag dazu leisten und ich glaube, das ist eine sehr stabile Basis für die Zukunft. Aber – abschließend – das sollte nie ausschließen, dass man über bestimmte Dinge ins Gespräch kommt, miteinander redet, dass man auch andere

Positionen akzeptiert – die gegenseitige Toleranz, der gegenseitige Respekt und das gegenseitige Akzeptieren, dass man auch sehr unterschiedliche Interessenslagen haben muss. Aber in diesem Kompromiss und in dieser sozialen Kommunikation, glaube ich, sind wir zugleich eine Gemeinschaft, die sich weiterentwickeln kann.

GERALD HAGMANN

Amos spricht sein Wort zum jüdischen Volk. Das Amos-Buch ist Teil des Alten Testamentes, das zunächst die Bibel der Juden ist. Und weil das Alte Testament den Lebensraum rund um die Geschichten von Jesus beschreibt, haben wir als Christinnen und Christen die jüdische Bibel übernommen und fühlen uns auch durch die alttestamentliche Prophetie angesprochen.

Welche Rolle spielen die nichtchristlichen Religionen für das soziale Gefüge der Stadt?

OTTILIE SCHOLZ

Ich glaube, wir alle haben die Erfahrung gemacht, dass es zunehmend wichtiger wird, sich auch mit anderen Religionen, mit anderen Formen der Ethik auseinanderzusetzen. Wir haben in Bochum 150 Nationalitäten. Nun wird gesagt: Das Ruhrgebiet war schon immer eine Mischung. Aber es gibt doch Unterschiede zu früher, als gerade aus den osteuropäischen Ländern viele Menschen ins Ruhrgebiet gekommen sind. Damals kamen sie, weil es hier genügend Arbeit gab – das hat sich geändert –, und sie hatten einen gleichen religiösen Hintergrund, das darf man nicht verkennen. Auch das hat sich geändert in dieser globalisierten Welt.

Besonders wichtig ist die Frage der Integration. Auch da sind wir in Bochum in den letzten Jahren auf gutem Wege. Wir haben zwei große Integrationskonferenzen gehabt und es zeigt sich zunehmend, gerade bei den Muslimen, dass es Menschen gibt, die das nicht als eine Einbahnstraße sehen, sondern als ein Aufeinanderzugehen. Deshalb begrüße ich es außerordentlich, dass es jetzt so etwas gibt wie den „Tag der offenen Moschee", dass man bei bestimmten Ritualen, zum Beispiel beim Fastenbrechen, die Türen öffnet und Menschen aus Bochum einlädt, sich gegenseitig kennen zu lernen. Dabei spielen natürlich auch die Schulen eine ganz wichtige Rolle. Dazu gibt es sicher sehr unterschiedliche Meinungen und ich tue mich auch ein bisschen schwer, ein eindeutiges Konzept zu formulieren, weil ich glaube, dass ein christlicher Religionsunterricht wichtig ist. Er gehört einfach zum Bestand dieser Gesellschaft. Trotzdem ist es auch wichtig, den Bogen weiter zu spannen und zu hören, was es sonst noch gibt. Wichtig ist also auch die Frage, wie ich andere Religionen überhaupt erst einmal kennen lerne, um beurteilen zu können, vor welchem Hintergrund man dort lebt.

Wir haben die jüdische Gemeinde in Bochum. Auch das war eine Anstrengung, dass hier wieder ein eigenes Gotteshaus errichtet worden ist. Und wir sind, was ich sehr gut finde, wirklich in einem zunehmenden Dialog, der eben auch von Seiten der Stadt über Arbeitsgemeinschaften, über unterschiedliche Foren intensiviert wird. Deshalb dürfen wir natürlich die Augen nicht verschließen vor dem, was sich hier interkulturell entwickelt, aber wir sollten es verstehen als eine Botschaft des Miteinanders. Und dazu gehört meines Erachtens, dass man sich der eigenen Gemeinschaft bewusst ist. Und deshalb haben auch ganz bestimmte Rituale, ein ganz bestimmter Kult, eine Bedeutung, um die Identifikation der Mitglieder untereinander zu festigen. Aus einer solchen Position heraus ist man dann viel offener anderen Religionen gegenüber und kann auch im Austausch Neues kennen lernen, vor allen Dingen aber sich auch gegenseitig akzeptieren. Es ist mein großer Wunsch, dass das hier in Bochum gelingt, denn nun nenne ich einmal eine Zahl, die noch nicht allen so richtig bewusst ist: In zehn Jahren werden über 40 oder 50 Prozent der Menschen, die hier in Bochum leben, einen Migrationshintergrund haben, also aus ganz unterschiedlichen Kulturen kommen, und das ist, auch unter dem Stichwort des demographischen Wandels, eine Ressource, die wir nicht einfach links liegen lassen dürfen. Deshalb müssen wir versuchen, das Miteinander zu integrieren, diesen Weg gemeinsam zu gehen. Toleranz ist dabei ein ganz wichtiges Stichwort.

GERALD HAGMANN

Recht und Gerechtigkeit, Unrecht und Ungerechtigkeit – ein Thema, das die Religionen miteinander verbindet angesichts der Ungerechtigkeit in dieser Welt seit Menschengedenken, die bis heute nicht weniger wird. In aller Erfahrung der Ungerechtigkeit und bei aller Notwendigkeit, das Recht einzufordern, wie Amos es tat: Die Lebensgeschichte zeigt, dass wir der Ungerechtigkeit nicht wort- und tatenlos zusehen müssen. Sie zeigt aber zudem, dass wir sie nicht wegbekommen. Und manchmal, das ist ja wirklich so, da hilft nur noch beten: Denn uns Christinnen und Christen ist seit jeher etwas zugesprochen für diese Welt und vor allem auch für die Welt, die kommt, was Martin Rinckart im 17. Jahrhundert nach Christus im berühmten Lied „Nun danket alle Gott mit Herzen, Mund und Händen" dichtete: Der ewigreiche Gott woll uns bei unserm Leben ein immer fröhlich Herz und edlen Frieden geben. Und uns in seiner Gnad erhalten fort und fort und uns – aus unsrer Not – erlösen: Hier und dort.

Und der Friede Gottes, der höher ist als alle menschliche Vernunft, bewahre unsere Herzen und Sinne in Christus Jesus. Amen.

Dr. phil. Ottilie Scholz, Bochum, Jahrgang 1948, Oberbürgermeisterin der Stadt Bochum.

[Dr. theol. Gerald Hagmann, Bochum, Jahrgang 1973, Pfarrer der Evangelischen Kirchengemeinde Harpen, Bochum. S. S. 88]

FRED SOBIECH

„Schlingensief meets Gollwitzer & Röm 8,38 f."
Über das Buch „So schön wie hier kanns im Himmel gar nicht sein! Tagebuch einer Krebserkrankung", Köln 2009, und den Predigttext Röm 8,38 f.

I.
Liebe Schwestern und Brüder,
Sie kennen Christoph Schlingensief, den Theatermann und Provokateur. Der wohnt in Berlin.[1]
Sie kennen – vielleicht – Helmut Gollwitzer[2]. Kein Theatermann, sondern ein heute fast vergessener Theologe und Professor an der Freien Universität in Berlin. Zur Zeit der Studentenbewegung Ende der 60er Jahre für viele auch ein Provokateur, weil er die unbequemen und viele irritierenden Lebensfragen der Studenten ernst nahm und aufnahm. Die beiden sind sich nie begegnet. Bis jetzt.

II.
„So schön wie hier kanns im Himmel gar nicht sein!" So überschreibt Christoph Schlingensief sein Tagebuch und bearbeitet, verarbeitet sein durch die Krebsdiagnose, den Krebs und seine Behandlung beschädigtes, erschrockenes Leben, fragt nach dem Sinn und Unsinn des Ganzen, fragt nach dem Sinn und Unsinn dieses Schreckens, der ihn als 47-Jährigen trifft, fragt nach Gott und kämpft mit Gott. Er schreibt:

III.
„Heute Morgen bin ich von Geräuschen draußen auf dem Gang wach geworden und habe noch ein bisschen im Dunkeln gelegen. Da

---

1 Christoph Schlingensief (geb. am 24.10.1960) verstarb am 21.08.2010.
2 Helmut Gollwitzer (29.12.1908–17.10.1993).

merkt man, wie einem wieder diese Angst in die Knochen schießt, dass das der Tag sein könnte, an dem entschieden wird, ob ich diesen Leidensweg gehen muss, diesen Weg mit vielen Beratungen und Behandlungen. Und die Frage tauchte auf, ab wann der Wille zu leben am Ende ist. Nicht am Ende, sondern an dem Punkt, wo der Wille sich einfach ergibt und sagt, ja, so ist es. Diese Frage ist mir heute Morgen in den Kopf geschossen und hat mich sehr berührt." (S. 19)

„... ich will mehr wissen über den Gedanken Gottes und über das Prinzip Leben, zu dem auch das Sterben gehört, das Sterben, zu dem auch das Leben gehört ...
Ich will leben. Ich will auf alle Fälle leben. Aber nicht, um wieder in diesen blinden Trott zu verfallen, noch schneller, noch mehr, sondern ich will ein Leben leben, das einen Sinn ergibt und sich den Menschen nähert." (S. 22)
„Die Angst ist gelandet. Ja, meine Angst ist gelandet. Ich gehe heute Abend davon aus, dass ich Krebs habe." (S. 23)

„Dass ich nie mehr durch diese Landschaft gehen kann, dass ich nie mehr mit meinen Freunden zusammen sein kann. Dass ich mit meinen Leuten vielleicht nie mehr unbeschwert Pläne schmieden und Spaß haben kann. Solche Gedanken kommen. Und dann bricht plötzlich dieses Weinen aus. Kein Weinen, wo man sich bemitleidet, sondern ein unglaublich trauriges Weinen, so ein Trauerweinen, wo man eine Ahnung davon kriegt, dass alles ja nicht mehr so sein wird, dass das ja vorbeigeht. Und ich lebe doch so gerne." (S. 30)

IV.
„Jeder Tag ist für Sie jetzt ein neuer Tag, den absolvieren Sie, und dann kommt wieder ein neuer Tag, sagte der Radiologe. Es geht nicht mehr um die langfristigen Pläne, so hat er es formuliert. Kann mir doch ausmalen, was der meint: Ein Jahr, zwei Jahre, ein bisschen Klinik, bisschen Chemo, kotzen, schreien, würgen, dann wieder

aufs Podium steigen: Hallo, ja, ich bin noch da. ... Das passt doch nicht. Das ist doch alles nicht zu fassen! Wie soll ich das denn schaffen, dieses Grauen zu akzeptieren und mir zu sagen: Ja, Christoph, das bist jetzt du, du wirst gerade zerlegt, löst dich in Wurmscheiße auf! Hast 47 Jahre lang Schwachsinn angerührt, das ist ziemlich üppig, damit ließen sich drei Leben füllen, jetzt wirst du halt aufgefressen. Was das sollte, hast du selbst nicht rausgekommen, aufarbeiten müssen das andere Leute. Aber du hast herausbekommen, dass du zerstörbar bist. Und das hast du am Schluss noch bis in die letzte Ader gespürt. Das ist doch was, das ist doch wenigstens eine Information! Da kann man sich darauf verlassen! Eins ist sicher: dass man zerstörbar ist."

„Ich bin aggressiv und wütend und habe den Draht zu Jesus und zu Gott verloren ...
Das, lieber Gott, ist die größte Enttäuschung. Dass du ein Glückskind einfach so zertrittst, du bist jedenfalls gerade dabei, das zu tun." (S. 50/51)

„Ich bin aggressiv, aber eigentlich bin ich tot." (S. 71)

V.
Schlingensief berichtet weiter, dass es ihm durch die Vollnarkose warm wurde: „Und weg war ich. In der Aufwachphase habe ich dann etwas sehr Schönes erlebt. Da stand eine Mutter an einem Kinderbettchen gegenüber. Im Dämmerungszustand habe ich sie gebeten, sie solle doch mal zu mir kommen. Ich habe sie gefragt: Was hat Ihr Kind? Was ist mit Ihrem Kind? Sie sagte, das rollt immer so komisch auf den Fußballen ab, das läuft immer nur ganz vorne auf den Zehenspitzen. Wissen Sie, warum Ihr Kind das tut? sagte ich. Weil ihr Kind einfach besonders intelligent ist. Ihr Kind ist einfach ein hochintelligentes Wesen, ein Autist. Das sind die, die auf Zehenspitzen durch die Welt laufen. Die haben so viel zu denken, dass sie auf dieser Erde nur ganz vorsichtig gehen können. Und das ist

bei Ihrem Kind so. Ihr Kind ist ein Genie, habe ich im Halbschlaf gemurmelt. Und die Mutter hat mich angestrahlt, war wahnsinnig glücklich in dem Moment und hat auch ihr Kind so schön angelächelt, als hätte sie es neu begriffen. Und als ich weggefahren wurde, hat sie mir zugelächelt. Das war wunderschön." (S. 59)

VI.

„Ich schaue aus dem Fenster und staune, als hätte ich noch nie Sonne und Wolken gesehen ... für mich steht Maria für Liebe, Wärme, Zuneigung, Geborgenheit, Mutter, Schwester, was weiß ich. Sie ist einfach die Personifikation von Geborgenheit und Liebe und Schutz. Auch die Begleiterin durch den dunklen Gedankenwald. Bei Jesus liegen die Dinge schon komplizierter, er ist derjenige, der das Leidwesen in die Welt gebracht hat, jedenfalls für die christliche Religion. Nicht das Rechtswesen oder das Geldwesen, sondern das Leidwesen ... das Wesen des Leids, wann Leiden überhaupt beginnt, wie man es aus eigener Kraft überwindet, ob das Leiden vielleicht auch etwas Sinnvolles in die Welt trägt, es eine Funktion hat – das sind Fragen, die man anhand seiner Geschichte diskutieren kann. Aber das ist schwer zu erklären, daran hake ich immer wieder. Gott ist für mich ... das Prinzip, das alles miteinander verbindet." (S. 128)

VII.

Liebe Schwestern und Brüder,
da fragt einer auf Leben und Tod nach dem Sinn des Ganzen, fragt nach dem Sinn des Lebens und dem Unsinn unzeitigen Sterbens und treibt Theologie. Auf ganz eigene Art. Ohne sie studiert zu haben. Vielleicht, ohne es zu wissen. Nicht dogmatisch, sondern existenziell, nicht regulär, sondern – wenn man so will – irregulär, spricht und streitet mit Gott. Geht durch Höhen und Tiefen, denkt undenkbare Gedanken. Fühlt – das eigene Ende in Sichtweite – sich selbst als Opfer. Versteht sich nicht. Versteht Gott nicht. Zwingt einen ins Zuhören, die eigenen Antworten zurückzuhalten, nicht

in die Erklärfalle zu tappen, das hier zum Vorschein kommende Gottesbild, Jesusbild, Marienbild, diese Suchbewegung, zweifeldurchsetzt, theologisch zu begradigen, dogmatisch zu berichtigen, zu richten. So ist es mir ergangen. Und ich habe etwas geschenkt bekommen. Einen anderen Blick. Den anderen Blick. Und der ist – zwischen Schlafen und Wachen – verbunden mit jener Szene, in der Schlingensief der Mutter begegnet und dem Kind, das der Norm nicht entspricht, das anders ist, so anders, was die Mutter drückt und bedrückt:

VIII.
„Mein Kind, das rollt immer so komisch auf den Fußballen ab, das läuft immer nur ganz vorne auf den Zehenspitzen." Der andere Blick. „Wissen Sie, warum Ihr Kind das tut? ... Weil ihr Kind einfach besonders intelligent ist. Ihr Kind ist einfach ein hochintelligentes Wesen, ein Autist. Das sind die, die auf Zehenspitzen durch die Welt laufen. Die haben so viel zu denken, dass sie auf dieser Erde nur ganz vorsichtig gehen können. Und das ist bei Ihrem Kind so..." Der andere Blick.

Und die Mutter strahlt vor Glück und lächelt ... ja – ihr Kind, ein besonderes Kind.

IX.
Theologische Annäherungen. Das Leben ist ein Leben auf Leben und Tod. Seit jeher und oft vergessen. Gott macht sich in Jesus Christus endlich – endlich, damit der Mensch den verzweifelten Kampf um seine eigene Unendlichkeit aufgeben kann. Hoffentlich. Das Seufzen der Kreatur ist auch unser Seufzen, denn auch wir sind – Kreatur.

Ich bin gewiss, dass weder Tod noch Leben, weder Engel noch Gewalten, weder Gegenwärtiges noch Zukünftiges, weder Hohes noch Tiefes noch eine andere Kreatur uns scheiden kann von der Liebe Gottes, die in Christus Jesus ist, unserm Herrn.
So übersetzt der Römerbrief (Röm 8,38 f.).

Der andere Blick.
Und Helmut Gollwitzer, der bis jetzt zugehört hat, schweigend, zieht an seiner Pfeife und fasst auf seine unnachahmliche Art zusammen, was auf immer zusammengehört: „Krummes Holz" und „aufrechter Gang."

Der andere Blick. Der Blick des Evangeliums.
„1. Nichts ist gleichgültig. Ich bin nicht gleichgültig.
2. Alles, was wir tun, hat unendliche Perspektiven.
3. Es bleibt nichts vergessen.
4. Wir kommen aus Licht und gehen in Licht.
5. Wir sind geliebter, als wir wissen.
6. Wir werden an unvernünftig hohen Maßstäben gemessen.
7. Wir sind auf einen Lauf nach vorne mitgenommen, der uns den Atem verschlägt; Sünde, d. h. nicht mitkommen; Bitte um Vergebung, d. h. deswegen nicht abgehängt werden.
8. Es geht nichts verloren.
9. Die Philosophen sprechen von der Suche nach Gott; aber das ist, wie wenn man von einer Suche der Maus nach einer Katze spräche. Wir sind auf der Flucht – und es wird uns auf Dauer nicht gelingen. Es wird uns zu unserem Glück nicht gelingen.
10. Wir sind nicht allein.
11. Wir sind nie allein.
12. Dieses Leben ist ungeheuer wichtig.
13. Die Welt ist herrlich – die Welt ist schrecklich.
14. Es kann mir nichts geschehen – Ich bin in größter Gefahr.
15. Es lohnt sich zu leben."
(H. Gollwitzer, Krummes Holz – aufrechter Gang, München 1972, S. 382)

X.
Und er fügt an:
Weißt Du, Christoph, manchmal bin ich sehr unsicher, weil ich so viele Menschen sehe, auch in der Kirche, die gebeugt durchs Leben gehen. Mit Gott liegen sie nicht im Streit. Nur mit den Verhält-

nissen. Sie gehen nicht aufrecht durchs Leben, sondern schlurfen durch die Gegenwart. So, als gäbe es keine Zukunft. Keine Gewissheit, keine Hoffnung, die darin gründet, *dass weder Tod noch Leben, weder Engel noch Gewalten, weder Gegenwärtiges noch Zukünftiges, weder Hohes noch Tiefes noch eine andere Kreatur uns scheiden kann von der Liebe Gottes, die in Christus Jesus ist, unserm Herrn* (Röm 8,38 f.).

Ich ahne, das klingt für Dich arg fromm. Vielleicht nach „Märchenpark" (Cicero 1/2010). Das kritisierst Du ja an den Kirchen. Und glaubst und hoffst trotzdem, auf Deine Weise, was mich sehr berührt. Ich bin ein alter Mann. Aber daran halte ich fest, zum Leidwesen aller, die dem Leid und dem Schmerz, das letzte Wort überlassen, da widerspreche ich auch Dir, denn Jesus hat nicht das Leidwesen in die Welt gebracht: Für mich hat Jesus Gottes Mitleid in die Welt gebracht, ihm ein Gesicht gegeben. Sein Gesicht. Ich weiß das nicht, wie man Dinge wissen kann, auch wenn ich Professor bin. Ich vertraue darauf. In allem Zweifel. Den habe ich auch. Ja, das ist mein Glaube, meine Hoffnung. Trotz allem: Gott ist größer als unser Herz (1 Joh 3,20).

Wir sind nicht allein. Wir sind nie allein. Dieses Leben ist ungeheuer wichtig. Die Welt ist herrlich – die Welt ist schrecklich. Es kann mir nichts geschehen – ich bin in größter Gefahr. Es lohnt sich zu leben.

XI.
Und dann sitzen sie noch da. Eine ganze Weile. Und reden und reden. Suchen das Leben zu verstehen und Gott und Jesus und Maria. Auf einmal lächelt der alte Mann: Hast Du eigentlich mal über Deinen Vornamen, Deinen ‚Christian name', Deinen Taufnamen nachgedacht, Christoph? Christoph heißt eigentlich ‚Christusträger' …

XII.
Es wird ein langer Abend und Gott, der das Leben liebt und seine Kinder, hört ihnen aufmerksam zu. Amen.

Fred Sobiech, Bielefeld, Jahrgang 1955, bis 2010 Superintendent des Kirchenkreises Bochum, ab 2010 Landeskirchenrat der Evangelischen Kirche von Westfalen.

JOHANNA WILL-ARMSTRONG

Über den Predigttext Röm 8,12–17

Gnade sei mit euch und Friede von dem, der da ist und der da war und der da kommt. Amen.

Liebe Gemeinde in Harpen,

ich danke zunächst einmal herzlich dafür, dass ich heute gemeinsam mit Ihnen Gottesdienst feiern kann – an so einem schönen sonnigen Tag, in der St. Vinzentius-Kirche, die mir seit meinem ersten Besuch vertraut ist. Und in einer Gemeinde von Jungen und Alten, in der viele Generationen zusammenkommen, so wie mit den drei Generationen auf dem Dreikönigsrelief in Ihrer Kirche gezeigt wird. Davon will ich heute auch in der Predigt sprechen – von dem, was uns als Gemeinde zueinander führt und beieinander hält – darum geht es, wenn wir uns jetzt auf das „Jahr der Taufe 2011" vorbereiten, in unserer westfälischen Landeskirche und hier in der Evangelischen Kirche in Bochum. Lassen Sie mich so mit einer einfachen Frage beginnen:

Liebe Brüder, liebe Schwestern,

wissen Sie eigentlich Ihren Tauftag? Kennen Sie Ihren Taufspruch? Konfirmation – ja, da wissen viele von uns das Jahr, oft auch den Tag und den biblischen Spruch, den Pastor, Patin oder Eltern ausgewählt haben. Und die Konfirmandinnen und Konfirmanden, die Ihr heute auch im Gottesdienst seid, Ihr seid wahrscheinlich in der Vorbereitung auf Eure Konfirmation auch schon dabei zu überlegen, welches Wort Euch da wichtig ist. Aber die eigene Taufe, davon müssten andere uns ja meist erzählen, erinnerlich ist sie uns nicht – wir werden eben getauft.

Auf dem Ökumenischen Kirchentag in München haben wir am Stand auf dem Markt der Möglichkeiten zum „Jahr der Taufe" ein Taufbuch ausgelegt. Wir haben die Besucherinnen und Besucher eingeladen, sich unter dem jeweiligen Datum mit ihrem Namen, dem Jahr der Taufe und dem Taufspruch einzutragen. Für Katholiken oder auch die Geschwister, die als Erwachsene in einer Freikirche getauft wurden, war das keine besonders schwierige Aufgabe. Die wissen das meist ganz genau – aus dem eigenen Erinnern heraus oder weil die Feier des Tauf- und Namenstages eine ganz besondere Bedeutung für sie hat.

Am dritten Tag des Ökumenischen Kirchentags kam dann ein prominentes evangelisches Ehepaar am Stand vorbei – er bekannt als früherer Präses der Synode der EKD. Auch den beiden wurde das Taufbuch gezeigt – nur eintragen wollte er sich nicht –, er müsse erst einmal das Datum nachsehen. Aber wie für diese beiden war unsere Bitte am Stand für viele Anstoß, nachzudenken und ins Gespräch zu kommen über die eigene Taufe. Nachdenken über diesen Wendepunkt im Leben, der uns zu Christen werden lässt – und dann über die eigentümliche protestantische Taufvergessenheit.

Der Predigttext für den heutigen Sonntag nimmt uns hinein in das Gespräch des Apostels Paulus mit der Gemeinde in Rom. Auch das ist ein Gespräch über die Bedeutung der Taufe – ein Plädoyer für die Tauferinnerung – eine Mahnung gegen die Taufvergessenheit.

Wir hören Verse aus dem 8. Kapitel des Briefes an die Römer – nach der Züricher Bibel überschrieben: „Leben in Kindschaft".

Röm 8,12-17

Wir sind also, liebe Brüder und Schwestern, nicht dem Fleisch verpflichtet und müssen nicht nach dem Fleisch leben.

Wenn ihr nämlich nach dem Fleisch lebt, müsst ihr sterben; wenn ihr aber durch den Geist tötet, was der Leib aus sich heraus tut, werdet ihr leben.

Denn die vom Geist getrieben werden, das sind Söhne und Töchter Gottes.

Ihr habt doch nicht einen Geist der Knechtschaft empfangen, um wiederum in Furcht zu leben;
– nein, ihr habt einen Geist der Kindschaft empfangen, indem wir rufen: Abba – lieber Vater!
Eben dieser Geist bezeugt unserem Geist, dass wir Kinder Gottes sind.
Sind wir aber Kinder, dann sind wir auch Erben Gottes, Miterben Christi, sofern wir mit ihm leiden, um so auch mit ihm verherrlicht zu werden.

Gott, segne du unser Reden und Hören!

Liebe Gemeinde,
Nein – Sie haben es nicht überhört! Das Wort Taufe kommt nicht vor in diesen Versen – und doch fasst Paulus damit zusammen, was für ihn die Taufe und das Leben der Getauften ausmacht:
– Taufe ist Leben; ist Weg zum Leben. Taufe ist aber auch das Mitsterben und Begraben werden mit Christus.
– Taufe macht uns zu Gottes Kindern, bewahrt uns vor der Furcht, der Angst. Taufe bedeutet aber nicht einfach heiteres, gelingendes Leben, sondern auch mitleiden mit Christus.
– Taufe gilt ganz mir – als Person mit unverwechselbarer Identität und Geschichte – und Taufe setzt mich der Kraft des Geistes aus, der mich treibt und mein Leben verändert.
Martin Luther hat oft davon gesprochen, dass es für einen Christenmensch darauf ankommt, täglich in die Taufe zurückzukriechen – zurückzugehen zu diesem Grunddatum meines Christseins –, immer wieder klein zu werden, zum Kind zu werden, das allein aus dieser Liebe ist und lebt – damit dann auch verantwortliches Erbe werden kann. Täglich zurückkriechen in die Taufe – Tauferinnerung als Lebensbewegung.

In der ökumenischen Diskussion sagen wir das so: Die Taufe ist der Beginn eines lebenslangen Prozesses, die Taufe markiert den Anfang – den Anfang, der nicht folgenlos bleibt. Wie aber geschieht solches Sich-festmachen am Anfang, Tauferinnerung als das Hineinbergen meiner ganzen Existenz in den Lebensbezug, den Gott gibt?

Zuerst ist das für Paulus keine besondere intellektuelle Leistung oder anspruchsvolle religiöse Übung. Das Sich-festmachen an der Taufe, das Zurückfallen in die zuerkannte Gotteskindschaft – das geschieht da und immer wieder, wo wir beten: Abba – Vater unser. Mit diesem Gebet Jesu zum Vater, mit jedem Gebet, das wir so sprechen, stammeln, singen, stumm klagen, da stellen wir uns auf dieses Grunddatum, die Gabe unserer Gotteskindschaft. Tauferinnerung ist – zuerst – beten! Und wir tun es nicht aus uns selbst und alleine. „Denn die vom Geist Gottes getrieben sind, das sind Söhne und Töchter Gottes!" Die Kraft des Geistes, nicht unser Können und Vollbringen, hält uns in dieser Gotteskindschaft, gibt uns das Beten und führt uns auf den Weg, der mit der Taufe beginnt.

„Geist" ist das Schlüsselwort in unserem Predigttext; ich meine, es gibt wohl im ganzen Neuen Testament kein Wort, das für uns heute, für mich, so schwer zu verstehen ist. Dies hat sicherlich auch damit zu tun, dass wir in unserer Umgangssprache mit dem Wort „Geist" so viele und unterschiedliche Bedeutungen verbinden: Wir reden z. B. vom Zeitgeist und geistigen Führern, wir unterscheiden Geist und Körper, Geisteswissenschaft von Naturwissenschaft.

Wenn Paulus von Geist spricht, dann spricht er von der Kraft, die Gott allein eignet, die uns Menschen von Gott her zukommt. Wenn Gottes Geist eingeht in uns Menschen, unser Denken und Handeln bestimmt, so bleibt er doch Gottes Geist – der uns Menschen führt, leitet, antreibt. Gottes Geist will unter uns wohnen, sagt Paulus, will einziehen in die Mitte der Gemeinde und unter das Dach meines Herzens und ist auch dann nicht meine, nicht unsere Kraft. Diese Kraft des Geistes ist Beistand für uns und Fürsprecherin, ja, auch unsere Stärke – und wird doch nicht uns zu Eigen, nicht unser Besitz.

Gottes Nähe zu uns – in unserer Gemeinschaft, in meiner eigenen Existenz – und Gottes Fremdheit: Beides ist in Gottes Geist für uns erfahrbar und wird so zur Kraft, die uns zu Gottes Kindern macht und werden lässt, sodass wir's sind – allein durch sie. So werden wir verwandelt, nicht indem wir unsere eigene Lebenswirklichkeit überschätzen oder die unserer Gemeinde und Kirche. Sondern weil Gottes Geist die Zwangsläufigkeit unserer verfehlten Existenz durchbricht. So sagt Paulus es von den Werken des Geistes im Galaterbrief: dass es die Geisteskraft Gottes ist, die Liebe, Glauben, Freude, Langmut, Frieden schafft – Lebensfrüchte der getauften Gotteskinder.

Aber Vorsicht! Das Wirken dieser Gotteskraft hat nichts mit heiterer Ruhe und Selbstzufriedenheit zu tun: Wo Gottes Geist wirkt und Leben schafft, da wird es unruhig, stürmisch. Wo Gottes Geist unter Menschen Wohnung nimmt, da erfahren wir, dass wir nicht aus uns selbst leben, und dass wir nicht einmal uns selbst gehören – und auch die anderen und auch Gottes Schöpfung uns nicht gehören.

Gottes Geist ist ein beunruhigendes, verstörendes Korrektiv für unsere gefügte Welt; und wann immer Kirche meinte, sie könne sich dem entziehen – dieser kritischen, prophetischen, erneuernden, dieser fremden Geistkraft Gottes –, da musste sie noch immer bitter dafür bezahlen durch die Auswanderung von solchen geistbewegten Gruppen. Das ist die Geschichte von Ketzerinnen und Häretikern früher – das ist unsere bittere Erfahrung heute mit pfingstlerischen und charismatischen Gemeinden, mit Initiativen zur Gerechtigkeit, mit den Jugendlichen, die ihren Taufglauben so feiern und leben wollen, wie der Geist es ihnen sagt. (Und die dann auch im Gottesdienst durchaus auch einmal sehr unruhig werden dürfen!)

Ja, die demographische Entwicklung und der Schwund der Mitgliederzahlen sind ein großes Problem für unsere Kirche – aber das größere Problem ist doch der Schwund an geistbewegter Vielfalt, für die der Protestantismus selbst eintrat, zu Gunsten erstarrender ängstlicher Einfalt. Daher hören wir doch, was Paulus sagt: Ihr braucht keine Angst – keine Furcht zu haben. Wir können uns verwundern, wohin wir da noch getrieben werden. Keine Angst – keine Furcht also vor der Zukunft des Geistes in unserer Kirche. Wir haben doch den Halt der Taufe, der Gotteskindschaft: Gott hat's gewagt mit uns – das bleibt auch morgen. Täglich neu können wir auf den Weg, der mit der Taufe begonnen ist, aufbrechen – ohne Furcht, aber im Vertrauen, dass die Kraft des Geistes, Gottes Beistand und Fürsprechen, in uns leben wird. Denn die vom Geist getrieben sind, die sind Söhne und Töchter Gottes. Amen.

Und der Friede Gottes, der höher ist als alle Vernunft, bewahre eure Herzen und Sinne in Christus Jesus. Amen.

Dr. jur. can. Johanna Will-Armstrong, Bielefeld, Jahrgang 1959, Landeskirchenrätin der Evangelischen Kirche von Westfalen.

Eine besondere Predigtreihe – ein besonderer Ort: die St. Vinzentius-Kirche in Bochum-Harpen

In einer Stadt mit wenigen historischen Baudenkmälern hat die St. Vinzentius-Kirche in Bochum-Harpen einen besonderen Stellenwert. Sie ist Zeugnis einer großen Kirchenbaukunst westfälischer Vorfahren. Das Alter der Kirche lässt sich ziemlich sicher bestimmen: Der steinerne Baukern entstand um das Jahr 1000 auf einer kleinen Anhöhe. Grabungsarbeiten brachten Reste eines Chorraum-Fundaments im „Fischgrätmuster" zutage, eine typische Bauform der ottonisch-karolingischen Zeit um 800 – 1000.

Eine Kostbarkeit ist die Altarplatte aus der ersten Saalkirche, die das aus Baumberger Sandstein gemeißelte Dreikönigsrelief trägt. Einen wichtigen Zeugen finden wir auch im Memorienstein, der an den Laienbruder Ludolf erinnert, der vermutlich der Baumeister der kleinen steinernen Saalkirche war. Schrift und Ornamentik lassen diesen Stein in die Jahre 1000–1050 datieren.

Eine ebenfalls bei den Renovierungsarbeiten gefundene Silbermünze aus der Zeit von 997 bis 1012 bestätigt das Alter der Kirche. Der Schutzpatron des Gotteshauses, St. Vinzentius, ist ein spanischer Märtyrer, der im Jahre 304 in Saragossa verbrannt wurde. Der Namensgeber der Kirche – im 15. Jahrhundert aus Sandstein gemeißelt – hat heute seinen Ehrenplatz am nördlichen Hauptpfeiler der romanischen Basilika gefunden.

Weitere außergewöhnliche Sehenswürdigkeiten der Kirche sind der Taufstein, dessen oberer Ring auf das 12. Jahrhundert weist, die historischen Sakramentshäuser aus dem 13. und 15. Jahrhundert mit wertvollen Preziosen, der imposante Barockaltar aus dem 17. Jahrhundert sowie die einmaligen Bergmannsfenster aus dem Jahr 1942 im Südschiff der Kirche. Der Kirchturm trägt ein Zwillingsgeläut aus den Jahren 1483 und 1484.

Dankeschön

Ein herzliches Dankeschön für alle Unterstützung: der Verlagsleiterin Frau Dr. Annette Weidhas von der Evangelischen Verlagsanstalt Leipzig, dem Kulturausschuss-Vorsitzenden der Evangelischen Kirchengemeinde Harpen, Kirchenmusikdirektor Karl-Heinz Saretzki für das große Engagement bei Konzeption, Planung und Durchführung der gesamten Predigtreihe, dem Presbyterium der Evangelischen Kirchengemeinde Harpen, stellvertretend dem Presbyter Alfred Schiske und der Presbyterin Martina Jericho, für den unermüdlichen Einsatz bei der Durchführung der Predigtreihe, den vielen Gottesdienstbesuchern (nicht nur) der Evangelischen Kirchengemeinde Harpen für die engagierte Beteiligung an Gottesdiensten und Nachgesprächen, Julia Umierski und Marius Neumann für die Transkriptionsarbeiten, und natürlich allen Predigerinnen und Predigern, Musikerinnen und Musikern, die durch ihre Gottesdienste im Rahmen der Predigtreihe dazu beigetragen haben, Gott zu loben – mit Herzen, Mund und Händen!

Gerald Hagmann

Angela Rinn
Lebenslinien
Meditationen mit Bildern
von Johannes Schreiter

144 Seiten mit zahlr. Abb., Hardcover
ISBN 978-3-374-02803-0
EUR 14,80 [D]

Die Gedanken von Angela Rinn und die Glaskunst von Johannes Schreiter treten in einen faszinierenden Dialog über „Lebenslinien". Diese verlaufen nie gerade, oft zeichnen sie sich durch Krümmungen, Brüche und erstaunliche Wendungen aus. Als poetischer Kontrapunkt findet sich zu jeder Meditation ein Gedicht von Goethe, Eichendorff, Rilke oder anderen. Daraus entsteht ein Geschenkbuch für alle, die sich von der Kunst des Lebens berühren lassen. Ein Begleiter für Menschen, die auf dem Weg sind.

EVANGELISCHE VERLAGSANSTALT
Leipzig

www.eva-leipzig.de